QIYE JINGYING ZHONG DE
LUNLI JUECE YU SHEHUI ZEREN

企业经营中的
伦理决策与社会责任

吴宝 王菁◎主编

中国财经出版传媒集团

经济科学出版社
Economic Science Press

图书在版编目（CIP）数据

企业经营中的伦理决策与社会责任/吴宝，王菁主编．－－北京：经济科学出版社，2022.5
ISBN 978－7－5218－3251－8

Ⅰ.①企…　Ⅱ.①吴…②王…　Ⅲ.①企业伦理－研究②企业责任－社会责任－研究　Ⅳ.①F270－05②F272－05

中国版本图书馆 CIP 数据核字（2021）第 248295 号

策划编辑：李　雪
责任编辑：袁　溦
责任校对：王京宁
责任印制：王世伟

企业经营中的伦理决策与社会责任
主　编　吴　宝　王　菁
经济科学出版社出版、发行　新华书店经销
社址：北京市海淀区阜成路甲 28 号　邮编：100142
总编部电话：010－88191217　发行部电话：010－88191522
网址：www. esp. com. cn
电子邮箱：esp@ esp. com. cn
天猫网店：经济科学出版社旗舰店
网址：http：//jjkxcbs. tmall. com
北京季蜂印刷有限公司印装
710×1000　16 开　12.75 印张　170000 字
2022 年 5 月第 1 版　2022 年 5 月第 1 次印刷
ISBN 978－7－5218－3251－8　定价：50.00 元
（图书出现印装问题，本社负责调换。电话：010－88191510）
（版权所有　侵权必究　打击盗版　举报热线：010－88191661
QQ：2242791300　营销中心电话：010－88191537
电子邮箱：dbts@ esp. com. cn）

编委会成员

前 言
PREFACE

　　"企业经营中的伦理决策与社会责任"是近年来管理学界关注的一个热门学科。企业是如今社会最广泛的一种组织形式，大大小小的企业几千万家，遍地开花。按照传统的观点，很多人认为企业和伦理并无关系，企业的责任就是追求利润，不断地为股东创造收益。为了赢得利润，企业向社会提供物质财富和就业机会。并非说持这种观念的人在私人生活或是商业活动中的行为就会有多么不合乎伦理或者不道德；相反，他们只是觉得在企业活动中考虑伦理问题不合适。在他们看来，根据财务状况或是生产的产品来判断一家企业的好坏更加简单明确，而且讨论问题时摆明利害关系也比评判价值观容易得多。

　　然而，企业行为有没有受到伦理标准衡量？企业决策的伦理道德责任只会对股东产生影响吗？企业应该如何更好地回应利益相关者的利益诉求？这些问题经常会令企业领导者在实践中产生困惑。即便在管理学者中，对上述问题的认识也并非完全一致。应该承认，这些问题确实非常有挑战性，也是企业日常经营中不可回避的问题。一系列如高管欺诈、贿赂、污染环境、不安全产品、内部人员操纵市场等恶性事件的出现，引起了社会各界的深刻思考。科学技术的高速发展、人们对美好生活的渴求增强以及竞争的加剧，越来越多的人，包括政府和新闻媒体等明确表示希望企业有道德地行事，至少在特定的情况下和特定的范围内要有道德。会议、期刊和报纸文章对企业在道德中的角色也日益关注。

　　《企业经营中的伦理决策与社会责任》这本书主要针对一些最基

本的问题，比如企业应该成为什么样的企业？应该怎么做决策？应该创建什么样的组织？通过案例和相应的决策模型进行引导，形成自己的决策。更重要的是，通过这本书的讲授与讨论，形成的伦理推理能力和思维习惯，可能会影响我们每一个人，有助于我们在今后遇到有关商业行为或个人行为的情景时，能够进行正确的伦理性思考，并做出正确的决策。这种正确的伦理性思考，有助于当代社会商业文明的进步和全社会的可持续发展。因为公司不仅在经济中占有重要的地位，而且具有社会的、政治的和文化的巨大影响。公司活动所产生的后果是公共性的。公司不仅是商品和劳务的制造者，也是革新技术的倡导者以及社会准则和行为的塑造者。

本书通过多次研讨，在课程指导思想、内容结构、组成体系等方面都做了有益的改革尝试，其目的是适应本科、研究生教育，突出教育研究性与应用性相结合的特点，满足全国本科院校对与时俱进的新教材的要求。在编写过程中，对于内容的取舍与安排，探索将习近平新时代中国特色社会主义思想有效融入教材，力求理论联系实际，博采众长，并注意知识更新，充分吸收国内外实际的有用经验和最新管理研究成果。教材共设9章内容，具体包括伦理与企业经营、伦理分析与决策、企业社会责任概述、环境与企业的可持续发展、互联网时代的企业伦理等内容。

本教材的主要特点体现在以下几个方面：

（1）体例新颖。本教材在体例上做了全新的安排，每一章都设计了学习目标、引导案例、理论精要、思考与实践、知识应用等板块。这种体例的安排，一方面使教材内容形象生动，提高了学生的学习兴趣，使学生做到"轻松学伦理"，另一方面实现了理论与实践的有机融合。

（2）注重实践技能的培养。无论是章首的"引导案例"，还是章末的"知识应用"，都是以培养学生的实践技能为出发点而设置的。在研究能力训练中，思考与实践等充分体现了本科、研究生教育的研究性与实践性。

（3）体现"思政内涵"，理论知识以前沿与领先为准。尝试将习近平新时代中国特色社会主义思想有效融入教材，使思想政治教育有机融入高校学生教育教学全过程，充分发挥育人功能。理论知识的深度和广度，以后续课程的学习、技术能力的培养以及学生继续学习能力、可持续发展能力的培养作为标尺，详略得当，既有高原，也有险峰，符合学生的学习需要。

（4）教材内容具有前瞻性。变革、全球化、多元文化和信息共享等是当代社会的主要特征，互联网的应用是这个时代的主旋律，学生面临前所未有的机遇和挑战。基于上述原因，本教材专门编写了互联网时代的企业伦理，冀望给遨游在网络海洋的学子们以指导。

本书在编写过程中，参阅了目前已经出版的国内外的许多优秀教材、专著和相关资料，引用了其中一些有关的内容和研究成果，恕不一一说明，仅在参考文献中列出，在此谨向有关作者致以衷心的感谢！

本书获得国家社科基金应急管理体系建设研究专项项目（20VYJ073）、国家社会科学基金项目（21BJY240）、浙江省哲学社会规划重大项目（20YSXK02ZD）、浙江省科协学会服务科技创新与科学素质提升（2020年软课题项目）的资助。

本书从构思到写作完成，历经三年多的努力，是团队合作的成果。笔者首先提供全书的写作大纲和讲义，然后大家分工合作，共同完成：吴宝（第一章、第二章、第三章）、王菁（第四章、第五章、第九章）、张玉婷（第七章）、张锐（第六章）、程宣梅（第八章）。最后，由笔者对全部书稿进行总纂。

限于作者水平有限，书中难免有疏漏之处，请各位读者、前辈不吝赐教！

吴　宝

2022年4月

目 录
CONTENTS

第一章 伦理与企业经营 ……………………………… 1

学习目标 ………………………………………………… 1

引导案例 ………………………………………………… 1

一、伦理在企业经营活动中的重要性 ………………… 3

　　（一）企业经营的伦理约束 ………………………… 3

　　（二）企业决策影响的广泛性 ……………………… 4

二、你了解企业伦理吗 ………………………………… 5

　　（一）伦理和企业伦理的内涵 ……………………… 5

　　（二）企业伦理与个人道德之间的关系 …………… 8

　　（三）企业伦理与法律之间的关系 ………………… 9

　　（四）为什么要学习企业伦理 …………………… 11

三、企业伦理与社会责任课程的重点 ……………… 12

四、中华民族传统伦理思想的特点和发展历程 …… 13

　　（一）中华民族传统伦理思想的主要内容和特色 … 13

　　（二）中华民族传统伦理思想的沿革 …………… 14

　　（三）社会主义核心价值观对中华优秀传统文化的传承、

　　　　　转化与超越 …………………………………… 19

思考与实践 …………………………………………… 21

知识应用 ……………………………………………… 21

第二章　伦理分析与决策 ·············· 22

学习目标 ·································· 22

引导案例 ·································· 22

一、伦理决策过程 ·························· 23

　　（一）确定事实 ······················ 23

　　（二）识别伦理问题 ·················· 24

　　（三）确定利益相关者 ················ 25

　　（四）比较和权衡 ···················· 25

二、行为伦理评价工具 ······················ 26

　　（一）功利论：基于结果的决策制定 ······ 26

　　（二）道义论：基于伦理原则的决策制定 ····· 29

　　（三）正义论：程序、惩罚和补偿 ········· 32

　　（四）美德论：基于人格和品德的决策制定 ····· 34

思考与实践 ······························ 43

知识应用 ································ 44

第三章　企业社会责任概述 ·············· 45

学习目标 ·································· 45

引导案例 ·································· 45

一、企业社会责任的概念与内涵 ············· 47

　　（一）企业社会责任的定义 ············· 47

　　（二）企业社会责任思想的发展过程 ······· 50

二、企业社会责任的利益相关者方法 ··········· 53

　　（一）利益相关者的内涵与分类 ··········· 53

　　（二）利益相关者管理的五个关键问题 ······· 56

三、危机管理方法 ························ 62

　　（一）第一种方法：从危机酝酿到危机解决 ····· 63

　　（二）第二种方法：4R 模型 ……………………………… 65

　思考与实践 ……………………………………………………… 66

　知识应用 ………………………………………………………… 67

第四章　环境与企业的可持续发展 …………………… 68

　学习目标 ………………………………………………………… 68

　引导案例 ………………………………………………………… 68

　一、自然环境与发展 …………………………………………… 70

　　（一）资源短缺 ……………………………………………… 70

　　（二）环境污染 ……………………………………………… 71

　　（三）环境危机对经济社会发展的影响 ………………… 72

　二、企业可持续发展 …………………………………………… 73

　　（一）企业为什么对环境问题负主要责任 ……………… 73

　　（二）环境问题产生的原因 ……………………………… 74

　　（三）生态环境保护责任 ………………………………… 76

　　（四）治理对策：绿色发展 ……………………………… 78

　思考与实践 ……………………………………………………… 82

　知识应用 ………………………………………………………… 82

第五章　企业与员工关系中的伦理问题 ……………… 83

　学习目标 ………………………………………………………… 83

　引导案例 ………………………………………………………… 83

　一、雇员和雇主的权利和责任 ………………………………… 84

　　（一）企业雇主责任和雇员权利 ………………………… 85

　　（二）雇员对雇主的责任 ………………………………… 89

　二、雇用中的伦理问题 ………………………………………… 90

　　（一）就业歧视 ……………………………………………… 90

　　（二）辞退雇员中的伦理问题 …………………………… 95

三、工作场所中的伦理问题 ································· 98

　　（一）工作场所的隐私权 ···························· 98

　　（二）企业工作场所劳动安全健康保障 ·········· 101

　　（三）职场性骚扰 ································· 102

　　（四）企业关闭和员工权利 ······················ 104

思考与实践 ······································· 106

知识应用 ··· 107

第六章　市场营销中的伦理问题 ················· 108

学习目标 ··· 108

引导案例 ··· 108

一、市场营销概述 ································· 109

二、市场营销中的伦理问题 ························ 111

　　（一）产品中的伦理问题 ···················· 111

　　（二）定价中的伦理问题 ···················· 119

　　（三）促销中的伦理问题 ···················· 123

　　（四）渠道中的伦理问题 ···················· 129

三、治理对策：保护消费者合法权益 ··············· 131

思考与实践 ··· 132

知识应用 ··· 132

第七章　互联网时代的企业伦理 ················· 133

学习目标 ··· 133

引导案例 ··· 133

一、电子商务发展现状 ···························· 135

二、互联网经济环境下的各种伦理问题 ············· 137

　　（一）侵犯消费者隐私问题 ·················· 137

　　（二）知识产权问题 ························ 139

（三）虚假信息问题 ················· 140

（四）商品品质问题 ················· 140

（五）价格歧视问题 ················· 141

（六）数据垄断问题 ················· 141

三、互联网时代企业伦理问题的解决思路 ········ 143

（一）营造网络时代合规的外部环境 ····· 143

（二）加强对企业家的管理伦理道德建设 ·· 144

（三）加强企业诚信社会监督 ········· 145

思考与实践 ······················· 146

知识应用 ························· 146

第八章　公司治理中的伦理问题 ········· 147

学习目标 ························· 147

引导案例 ························· 147

一、公司治理概述 ··················· 149

二、董事会中的伦理问题及治理 ·········· 150

（一）董事会的职责 ················· 150

（二）治理对策 ··················· 152

三、高管薪酬中的伦理问题及治理 ········· 154

（一）高管薪酬激励 ················· 154

（二）治理对策 ··················· 156

四、内幕交易的伦理问题及治理 ·········· 157

（一）内幕交易的伦理问题 ··········· 157

（二）治理对策 ··················· 159

五、财务舞弊及治理 ················· 160

（一）财务舞弊原因 ················· 161

（二）治理对策 ··················· 163

思考与实践 ······················· 164

知识应用 ·· 164

第九章　伦理型领导与文化 ························· 165

学习目标 ·· 165

引导案例 ·· 165

一、伦理型领导 ·· 167

　（一）伦理型领导的内涵 ······························ 167

　（二）中西方伦理与企业伦理的差异 ··············· 168

　（三）中国企业伦理型领导的结构 ················· 170

二、伦理型企业文化 ·· 173

　（一）伦理型企业文化是企业文化发展的新视角 ········· 173

　（二）伦理型企业文化的主要特征 ················· 175

三、伦理型领导、伦理文化与企业社会责任 ············· 177

　（一）伦理型领导与企业社会责任 ················· 177

　（二）伦理型文化是伦理型领导促进企业社会责任的桥梁 ······ 179

四、建立伦理型领导的管理对策 ·························· 180

　（一）提高伦理型领导的自身素质 ················· 181

　（二）伦理规则 ··· 183

　（三）利他精神 ··· 186

思考与实践 ·· 188

知识应用 ·· 188

伦理与企业经营

学习目标

1. 解释伦理在商业环境中非常重要的原因
2. 理解企业伦理的相关基本概念
3. 明确法律责任和伦理责任的差异性
4. 熟悉中国传统伦理思想的特点和发展历程

引导案例

安然事件（the Enron Incident），是指 2001 年发生在美国的安然（Enron）公司破产案以及相关丑闻。2001 年初，一家有着良好声誉的短期投资机构老板吉姆·切欧斯公开对安然的盈利模式表示了怀疑。他指出，虽然安然的业务看起来很辉煌，但实际上赚不到什么钱，也没有人能够说清安然是怎么赚钱的。到了 2001 年 8 月中旬，人们对于安然的疑问越来越多，并最终导致了股价下跌。2001 年 8 月 9 日，安然股价已经从年初的 80 美元左右跌到了 42 美元。

经过调查，一直隐藏在安然背后的合伙公司露出水面。这些合伙公司大多被安然高层官员所控制，安然对外的巨额贷款经常被列入这些公司，而不出现在安然的资产负债表上。这样，安然高达 130 亿美元的巨额债务就不会为投资人所知。

更让投资者气愤的是，安然的高层对于公司运营中出现的问题非常了解，但长期以来熟视无睹甚至有意隐瞒。包括首席执行官斯基林在内的许多董事会成员一方面鼓吹股价还将继续上升，另一方面却在秘密抛售公司股票。而公司的 14 名监事会成员有 7 名与安然关系特殊，要么正在与安然进行交易，要么供职于安然支持的非营利机构，对安然的种种劣迹睁一只眼闭一只眼。

2001 年 11 月 30 日安然欧洲分公司申请破产，美国本部于两日后同样申请破产保护。受"安然事件"牵连，美国金融界发生了一场"大地震"：创立于 1913 年，美国最老牌会计师事务所之一的安达信"寿终正寝"，全球"五大"会计师事务所从此变为"四大"；多家与安然有牵连的银行信用评级大跌，其金融债券遭抛售，美国债市受到严重冲击。

资料来源：［1］王烽. 从安然事件看如何建设企业诚信经营生态系统［N］. 中华工商时报，2012 - 05 - 31.［2］浜尚亮. 国外企业犯罪案例系列财务欺诈之安然事件［J］. 人民公安，2016（7）：58 - 63.

思考：您如何评价安然公司高层的决策？当您评价安然公司高层决策时，哪些事实起到主要作用？如果您是安然公司高层管理者的其中一员，您会怎么做？为什么？

一家企业靠造假、欺诈创造的"盛世"，终究是一时的幻影。如今，安然事件已过去多年，但公司财务造假事件依旧未曾停歇。从国内看，2019 年 4 月 29 日，在上交所上市的康美药业披露 2018 年年报的同时，修正了 2017 年年报中的多项会计错误，300 亿元资金一夜蒸发。尽管康美药业自称财务错误，但舆论普遍认为此乃造假行为①。2019 年 7 月 29 日，上市公司欢瑞世纪收到证监会重庆监管局下发《事先告知书》。《事先告知书》中揭露欢瑞世纪在信息披露中存在虚假记载和重大遗漏等信息披露违规行为②。2020 年 4 月 2 日瑞

---

① 康美药业财务造假被坐实加大处罚成共识［N］. 中国医药报，2019 - 08 - 30.
② 黎凡菲. 影视公司信息披露问题研究［D］. 武汉：中南财经政法大学，2020.

幸咖啡宣布，2019 年二季度至四季度，公司伪造了 22 亿元人民币的交易额，相关的成本和费用相应虚增①。这些不只是简单的财务数据问题，更是企业伦理和社会责任问题，无论是安然、康美药业还是欢瑞世纪、瑞幸咖啡，公司的经营决策与其伦理文化一直是人们关注的重点问题。为了更好地理解这一话题，本章将从学习伦理知识的必要性入手，继而展开进一步的论述。

一、伦理在企业经营活动中的重要性

（一）企业经营的伦理约束

企业是如今社会最广泛的一种组织形式，大大小小的企业几千万家，遍地开花。按照传统的观点，很多人普遍认为企业和伦理并无关系，企业的责任就是追求利润，不断为股东创造收益。为了赢得利润，企业向社会提供物质财富和就业机会。并非说持这种观念的人在私人生活或是商业活动中的行为就会有多么不合乎伦理或者不道德；相反，他们只是觉得在企业活动中考虑伦理问题不合适。在他们看来，根据一个财务状况或是生产的产品来判断一家企业的好坏更加简单明确，而且讨论问题时摆明利害关系也比评判价值观容易得多。

然而，企业行为真的没有受到伦理标准衡量吗？如果企业真的被认为是不需要伦理道德的，也就是说不能指望企业按伦理准则行事，而且也认同企业为了利润可以无所不为，那么当企业行为不合伦理时，利益相关者就不应该出现义愤填膺、极度震惊或拍案而起的反应了。不安全产品、商业贿赂、环境污染等事件也不会成为各大新闻媒体的

---

① 赵剑影. 财务造假不应成为企业资本冲浪的"美颜神器"［N］. 工人日报，2020 - 04 - 09.

头版头条——因为这些都是大家意料之中的事情。但是，事实上，自21世纪以来，在新闻媒体上，我们可以看到大量关于高管欺诈、贿赂、污染环境、不安全产品、内部人员操纵市场等事件，安然公司财务造假、三鹿集团三聚氰胺毒奶粉、长生生物问题疫苗等更是其中臭名昭著的负面案例，在公众中造成强烈反响，同时也给公司形象带来了负面影响。

随着科学技术的高速发展、人们对美好生活的渴求增强以及竞争的加剧，越来越多的人，包括政府和新闻媒体等，明确表示希望企业有道德地行事，至少在特定的情况下和特定的范围内要有道德。会议、期刊和报纸文章对企业在道德中的角色也日益关注。大量环境保护团体、消费者权益保护团体、妇女权益保护团体等大众团体形成和发展，也给企业施加了巨大的压力，使得企业不得不考虑他们的利益诉求。那些不道德和不关心员工劳动安全、声名狼藉的公司很难再招聘并留住有才之士。企业管理者逐步认识到，在如今的时代，不再是企业是否应该对有关社会价值的要求作出响应，是否应该在决策时考虑伦理问题，而是如何有效地响应利益相关者的利益诉求，如何更加合乎伦理地行事。而这些正是很多企业正在面临的一个挑战。

（二）企业决策影响的广泛性

企业决策的伦理责任只会对股东产生影响吗？在安然公司倒闭的案例中，我们可以看到企业的伦理决策不仅仅对公司管理层产生影响，还有众多的利益相关者将受到直接或间接的影响：股东损失了超过了10亿美元的股票价值；成千上万的职工失业，他们的退休金和医疗保险顷刻间化为乌有；加利福尼亚州的消费者们由于安然公司的市场操纵而遭受到断电和能源匮乏；安然公司所有的上百家供应商蒙受了失去大客户的巨大经济损失；安然公司的会计师事务所安达信公司直接倒闭；整个休斯敦社区失去一个巨大的雇主和社区赞助商；安然公司的雇员、投资者和供应商的家人们也受到了伤害。在此，我们看到了很多直接受到安然公司倒闭伤害的人们，同时有更多的人由于安然公司的伦理污点而受到间接影响，数量更是我们难以想象的。伦理与企业经营高度相关。不道德的伦理决策将导致异常严重的后果，这是我们无法忽视或视而不见的问题。企业决策的伦理道德责任必须超越原来那种只会对股东产生影响的想法①。

做正确的事，对企业所有者、管理层、员工、消费者和社会公众都很重要。对于公司和企业所有者而言，行为守法并遵守道德伦理，可以避免许多诉讼纠纷、增加供应商或合作者的信任和投资者的信心、提升公众接受度和员工绩效等，这样不仅有利于企业降低大量成本，而且对提升组织效率具有积极作用。反之，公司行为有违伦理，则可能破坏商业关系、损害声誉、降低员工生产力、创造力和忠诚度等。如石家庄三鹿集团股份有限公司，是集奶牛饲养、乳品加工、科研开发为一体的大型企业集团，曾拥有"免检产品"和"中国名牌"等荣誉称号，后期见利忘义，在奶粉中掺加三聚氰胺，引爆奶粉危机后因严重资不抵债，于2009年2月12日破产②。对于学习企业伦理的必要性，以上所有的例子都已经给了我们充分的理由。

二、你了解企业伦理吗

（一）伦理和企业伦理的内涵

什么是伦理？伦理是指处理人与人、人与自然和人与社会相互关

---

① 哈特曼等. 企业伦理学：中国版 ［M］. 北京：机械工业出版社，2011.
② 梁文君. 三鹿之殇 ［N］. 中华工商时报，2009 - 02 - 20.

系时应该遵循的道理和准则，是符合某种道德标准的行为准则。从字义上看，伦理中的"伦"有类、序等含义，而"理"包含有道理和规则的意思。伦理就是做人的道理或道德，而伦理学则是研究有关人的道德行为的科学，是研究道德的起源、本质、发展变化及其社会作用的学科，包括道德的基本理论、道德的规范体系，以及道德品质的形成和培养。

在我国古代典籍中，对这方面解释很多。早在春秋战国时期，就先后产生了伦理思想极为丰高的《论语》《晏子》《孟子》《荀子》等著作。例如，《孟子·滕文公上》说："使契为司徒，教以人伦。"《荀子·王制篇》说："群道当，则万物皆得其宜，六畜皆得其长，群生皆得其命。"这里所提的"教以人伦""群道当"，就是讲的人们在社会中为了生存和发展，就必须处理好人与人之间的关系，应当遵循一定的道理和规则。到了秦、汉时期，又进一步把"伦"和"理"联系起来并用，才形成"伦理"这个概念，产生了包含伦理思想、道德理论、行为规范和德育方法的《礼记》《孝经》等著作，揭示了伦理道德发展过程中若干客观规律，具有一定的科学性、合理性。在西方，早在荷马时代，人们就开始了道德思考。古希腊哲学家赫拉克利特（Herakleitus）、德谟克利特（Demokritos）、苏格拉底（Socrates）和柏拉图（Plato），都曾注重伦理思想的研究。公元前三世纪，亚里士多德（Aristotle）就曾在雅典学园讲授道德品性的学问。他的学生根据他的讲授整理而成的《尼可马克伦理学》，对西方的伦理思想的发展有着重大影响，是外国最早的伦理学著作①。

什么是企业伦理？和在人类生活的其他方面一样，伦理或道德标准也可以应用于企业。对欺骗、偷窃、撒谎、伤害他人、侵犯他人权利等行为，企业中的人员并不会比别人得到更多的宽容。当人们走进

① 王莘竹. 伦理道德修养（通俗讲话）第一讲 什么是伦理 什么是道德［J］. 实事求是，1985（4）：52-55.

管理人员办公室或走进工厂时，对他们起约束作用的道德与伦理标准和他们不从事商业行为时是一样的。自从有企业出现，伦理便得以应用于企业。

企业伦理（business ethics）是企业与伦理、道德的有机统一。然而，这毕竟不是科学的定义或者界定。中西方对于"企业伦理"的概念也是众说纷纭。国内有很多学者对企业伦理进行了阐述，朱贻庭和徐定明（1996）把企业伦理定义为："以企业为行为主体，以企业经营管理的伦理理念为核心，企业在处理内外关系中的伦理原则、道德规范及其实践的总和。"① 迟爱敏和张燃（2001）在《企业伦理内涵管见》中认为企业伦理是企业调节企业与社会和其他利益相关者的关系，以及在调节生产营销等关系时所应遵循的职业原则与道德规范②。吕春晓（2008）在其著作《企业伦理》中认为企业伦理是企业的重要精神资本，不仅可以从宏观上起到协调社会与企业关系的作用，还可以作为一种精神力量激励员工积极性与创造性的发挥，减少企业的管理成本，提高企业的内在效率③。石小玲（2010）把企业伦理定义为："企业以经营为目标的理念核心，企业领导者在处理企业与所有与企业相关的问题，其中包括企业与员工、企业与企业、企业与社会、企业与国家、企业与环境关系中的伦理精神、道德规范的总和。"④

美国学者刘易斯（Lewis，1985）在对 254 种关于企业伦理的文章、教材和专著进行分析并对部分企业界人士进行调查后指出，人们对"企业伦理"这个术语的定义有 308 种之多。其中，大多数人把企业伦理等同于企业活动的标准规范、企业行为的正误、企业的社会

---

① 朱贻庭，徐定明．企业伦理论纲［J］．华东师范大学学报（哲学社会科学版），1996（1）：1-8.

② 迟爱敏，张燃．企业伦理内涵管见［J］．企业经济，2001（4）：28-29.

③ 吕春晓．企业伦理［M］．西安：西安交通大学出版社，2008.

④ 石小玲．企业伦理与社会责任的探讨［J］．现代商业，2010（26）：286-287.

责任、宗教信仰、价值观念、权利与义务、企业习俗、美德等。刘易斯在此基础上总结出了一个较一般性的定义：企业伦理是企业在从事经济活动、满足社会需要以及处理企业内部员工之间关系的过程中，为协调企业内外利益关系，所应该坚持的伦理理念、伦理原则、道德规范及其实践的总和①。

上述对企业伦理的不同定义大致把企业伦理划成了以下几种观点：第一，认为企业伦理是企业经营本身的伦理，是一般可以接受的或者遵从的正确行为准则，是企业员工行为的参照依据；第二，企业伦理是一种决策，是企业的决策层和个人在面临伦理冲突时所作出的选择；第三，企业伦理是一种标准，对人们在面对伦理选择时的一种理论指导。我们把企业伦理定义为以企业为行为主体，以企业经营管理的伦理理念为核心，企业在处理与利益相关者关系中应遵守的伦理原则、道德规范及实践的总和。企业伦理既不是一个通用的、泛指的、抽象的社会伦理，也不是企业中哪个个人的伦理。

（二）企业伦理与个人道德之间的关系

有很多人认为企业伦理建立在个人价值观和宗教信仰基础上，个人根据自己的良知来判断事情的对错。在此观点下，企业伦理是个人的事，而不是公众的事或是可以拿来讨论的事。但是我们认为一个人可能经过深思熟虑后作出自认为正确的决定并且付诸实践，然而个体并非独立作出选择，所处于的环境也会对他的行为决策造成重要影响。比如，企业中的关怀型气氛、制度型气氛会降低员工偷窃、撒谎行为。在良好的组织伦理气氛下，员工和管理者之间关系融洽。一个组织的伦理气氛是组织内部成员对于什么是符合伦理行为、如何解决

---

① Lewis, P. V. Defining "Business Ethics": Like Nailing Jello to A Wall [J]. Journal of Business Ethics, 1985, 4 (5): 377–383.

伦理困境或问题的共同体验和认知，这种认知会影响个体对待伦理问题的态度、信念、动机和行为倾向，最终影响到员工和整个组织的伦理行为。

在安然公司倒闭的案例中，我们可以发现安然的崩溃并不仅仅是因为假账，也不全是高层的腐败，更深层次的原因是急功近利、贪婪冒险的赌场文化使安然在走向成功的同时也预掘了失败之墓。安然的文化氛围里有一种赌场气氛。安然的核心文化就是盈利，甚至可以说是贪财。在安然，经营者追求的目标就是"高获利、高股价、高成长"。《财富》杂志撰文指出，正是由于安然公司的主管们建立了以盈利增长为核心的文化，经理们才有了很大的动力去涉险，安然追求的目标最后也只剩下一个，那就是盈利。

安然的企业精神就是冒险。安然鼓励的是不惜一切代价追求利润的冒险精神，用高盈利换取高报酬、高奖金、高回扣、高期权。安然甚至把坚持传统做法的人视为保守分子，很快将其"清理"出去。同时安然内部不断地进行着"大换血"，而招进的新人大多是工商管理硕士，一进门就会立即获得五百万元的炒作能源期货大权。安然衡量成功的唯一尺度是金钱。安然过分强调个人英雄主义，破坏了企业赖以存在的基石——团队精神，使得安然的员工之间更多的是相互竞争，而不是合作关系。

因此，将与商业活动有关的伦理问题仅仅或主要视作个人道德选择实际是贬低了组织在塑造和影响个人态度、认识和行为时所起的作用，企业伦理问题并不仅仅是个人道德的问题。

（三）企业伦理与法律之间的关系

一般认为法律是社会规则的一种，通常是指社会认可、国家确认立法部门制定规范的行为规则，并由国家强制力（即军队、警察、法庭、监狱等）保证实施，以规定当事人权利和义务为内容，具有普遍约束力的一种特殊行为规范。长期以来，很多人认为不违法就是企业履行了社会责任。还有很多人认为政府应该把所有的伦理规范都纳入法律的范畴，这样既可以发挥伦理道德的社会舆论带来的自律作用又可以发挥法律的强制性的他律作用。但是，这些想法都是有局限性或是不切实际的。

首先，如果试图让法律取代伦理，则会导致法律规范过于复杂，极大地提高了法治的成本。有人认为政府应该把所有伦理规范都纳入法律的范畴，但是如果法律真的硬性规定人们必须慈善、彬彬有礼、讲求个人诚信，那成本会非常高昂。如果法律规定父母必须爱护自己的子女，或者规定不允许撒谎，那这种法律操作起来会存在很大的困难。法律会阻止危害性的行为发生，但对鼓励良好行为却不是十分有效。

其次，许多时候法律体系并不健全和完善，也不能涵盖所有的新问题、新情况或是存在"灰色地带"。例如，工作场合中的电子邮件，究竟是员工还是雇主拥有电子邮件的传播权，法律上没有明确规定，但是选择尊重员工隐私，才是正确的伦理决策。而且法律本身也往往做不到完全清晰和明确，企业管理者经常需要依赖自己的伦理判断来进行决策①。

最后，法律是由国家颁布的，是判定一种企业行为是否合法的标准，依靠国家暴力机器保证执行的，具有强制性和外在性；而伦理则依靠外界约束、传统习俗和内心观点发挥作用，具有自觉性和内在性。法律和伦理在内容上相互渗透，很多法律法规起源于基础道德伦理，国家将这些基础道德伦理上升成法律以保障其能得到实施，同时道德伦理的范围比法律法规更广泛，一些法律不能约束的问题可以靠伦理来进行约束。两者在作用上相互补充，伦理的存在可以促进企业更加自觉遵纪守法，而法律作为国家强制手段，可以在一定程度上保

---

① 哈特曼等. 企业伦理学：中国版［M］. 北京：机械工业出版社，2011.

障道德伦理，使其获得更广泛的支持，可以更加有效地调节企业、个体的行为，促进人们遵纪守法，这样一种循环状态将能够有效地提高企业、个体的伦理水平。

（四）为什么要学习企业伦理

无论是学习何种专业、从事何种职业，我们都应该明确地认识到：学习企业伦理知识与学习其他课程一样都是非常必要的。

［专栏 1-1］
升级限购政策，堵住"假离婚"漏洞

第一，学习企业伦理与社会责任的相关知识有助于我们更客观地理解企业及其成员的责任。企业伦理学不是简单地宣称企业应该履行什么责任，更重要的是要理解企业为什么不能单纯追求利润最大化，以及为什么企业社会责任不应该仅仅包括经济责任还应该包含道德责任。

第二，学习企业伦理与社会责任的相关知识有助于人们纠正对企业伦理与社会责任的一些片面认识。有部分人对企业伦理的认识还存在一些误区，比如，认为企业履行社会责任时仅仅不违法即可；认为一个具有伦理责任的企业决策仅仅是遵从法律法规，企业并没有义务去做更有道德的事情；认为我国目前还不具备讲企业伦理的条件，谁讲伦理谁吃亏，讲道德与追求利益总是对立的，现在要的是法律、制度而不是道德等。这些观点对当代中国经济和社会的发展起了相当大的负面作用。通过学习企业伦理和社会责任，我们可以认识到这些观点为什么是错误的、片面的，增强对伦理问题的敏感度。

第三，学习企业伦理与社会责任的相关知识有助于提高企业管理质量。通过企业伦理知识的学习，形成伦理推理能力和思维习惯，有助于我们今后无论是在人力资源、财务，还是生产、市场营销等管理活动中遇到有关情景时，都能够把握伦理准则，进行正确的伦理性思考，并作出正确的决策。这种对伦理道德原则的把握以及正确的伦理性思考，有助于当代社会商业文明的进步和全社会的可持续发展。

第四，学习企业伦理与社会责任的相关知识有助于培养企业核心能力，提升企业竞争力。基于卓越道德的竞争优势是一种可持续的竞争优势；企业的伦理道德资源也是企业的一种资本，属于社会资本的一类，它具有有价值、稀缺性、难以模仿性等几个特点，因此，可以运用企业的伦理道德资源来构建企业的核心能力，增强企业的竞争优势[①]。

三、企业伦理与社会责任课程的重点

首先，企业伦理与社会责任课程的重点是什么呢？伦理学是一门具有上百年历史的学科，主要以人类的道德问题为研究对象，以道德和利益的关系问题为研究的基本问题。伦理理论的历史将是伦理课程的主要学习目标之一。伦理学的概念起源于希腊文"εтησs"，古希腊哲学家亚里士多德最早赋予其"伦理"的含义。亚里士多德主张"德性在于合乎理性的活动""至善就是幸福"，其所著《尼各马可伦理学》一书是西方首部伦理学专著，也构成了人类伦理学思想的一块基石。在中国，伦理思想则以主张"仁、义、礼、智、信"的儒家伦理思想为主要代表。通过学习这门课程，我们可以了解到很多伟大的伦理学家、他们的观点以及伦理学的发展历史。

其次，企业伦理与社会责任课程也注重于对于实际生活的指导，将一般伦理与社会责任理论运用于企业经营活动的具体案例和实践也是主要学习目标之一。一方面，对于具体案例中所涉及的不合伦理的行为所进行的讨论，可以引发企业对于伦理问题的重视，反思自身的

---

① 刘爱军，钟尉. 商业伦理学［M］. 北京：机械工业出版社，2016.

生产经营行为是否有违伦理道德，也可以让我们深入思考如何在将来避免类似事件发生，行为更合乎伦理，更好地承担社会责任。另一方面，对于企业中个人和特定公司值得赞许的、典范的道德行为所进行的描述和宣扬，可以为行业树立伦理道德楷模，为人们提供学习的榜样和目标，助力各企业在生产经营过程中见贤思齐，在追求利润最大化的同时关注自身的伦理道德和社会责任。

最后，企业伦理与社会责任课程为人们解决企业中的伦理问题提供了更系统的基本理论和决策方法。这些理论与方法能帮助人们看到原来常常被忽视的问题，有助于人们观察和判断企业经营管理是否合乎伦理道德，并且倡导符合伦理的企业经营管理，成为有社会责任感的企业表率。虽然企业伦理与社会责任课程本身可能不能立即提升学习者的道德水平，是否将所学到的知识运用于实践更多的取决于学习者本人，但是本书通过强调合乎道德的判断、思考和决策来解决知识和行为之间的矛盾。人们可以通过阅读此书知悉企业经营管理中的伦理观和社会责任承担的方法论，为企业具体实践提供相应的理论指导。

四、中华民族传统伦理思想的特点和发展历程

（一）中华民族传统伦理思想的主要内容和特色

中国传统伦理思想具有丰富的内容和自己的特色。它的主要内容，有以下五个方面：第一，人性问题，主要包括了对人性善恶以及是否具有先天等级差别的探讨。在我国传统的伦理思想中，人性问题被认为是确立道德准则、道德教育和修养方法的出发点。因此，几乎各家各派都提出了自己的看法。第二，道德起源和道德本质问题。有认为是以人间关系为基础的；有认为道德是永恒的；有认为道德只在

一定社会历史阶段才存在的；有的从人们的物质生活状况来解释道德行为；有的则认为道德是超越物质生活之上的，等等。第三，道德标准或行为规范的问题。道德标准或行为规范中，有一类只适用于一些特定的社会、家庭与个人关系，如"忠"，通常是指臣对君的关系而言，"孝"是指子对父的关系而言；另一类则是适用于一切人与人的关系，如"仁义礼智、礼义廉耻"等。对于后一类道德规范，不同派别所用的规范并不完全相同，据以作为出发点的基本规范也不一样。有以"仁"为本的，有以"礼"为本的。道德标准自然就是判别是非善恶的基本原则，围绕着如何辨别是非善恶，又有过"义利"关系与"理欲"关系的争论。第四，道德修养问题，即关于如何提高人的道德品质的学说。这一方面是指道德教育问题；另一方面是指个人修养问题。在个人修养中，又包括了外在的道德实践和内心道德情操的培养。第五，道德理想问题。其中包括人生的目的和意义的探讨，以及对理想的道德境界的设想。随着社会的发展，对于上述这些问题的探讨，是在逐步地深化和丰富的。虽然有时代的局限性，然而，前人留给我们的伦理思想遗产却是极为丰富多彩的，对其进行认真的研究，并加以批判的总结，是发展中国伦理思想的必然要求①。

（二）中华民族传统伦理思想的沿革

中华民族传统伦理思想的发展，大体上可以分为以下几个时期：

1. 产生阶段——春秋战国时期

在甲骨文中，考古学家就发现了伦理道德的概念。西周初年，周

---

① 哈特曼等. 企业伦理学：中国版［M］. 北京：机械工业出版社，2011.

公姬旦提出了以"敬德保民"为核心的伦理思想,同时也有了"孝""悌""敬"等道德规范或范畴,从而为中国伦理思想的发展奠定了基础。春秋战国时期,是中国从奴隶制向封建制过渡的社会大变动时期,与此相适应,思想界出现了"百家争鸣"的空前繁荣局面。根据所奉行的最高道德准则的不同可以分为四派。

以"仁"为最高道德准则的,是孔子、孟子一派。孔子的"仁爱"学说就是对以往关于"仁"的思想的总结和发展,包含着多种具体的道德要求,孝、悌、恭、宽、敏、信、惠等都在其中。为了实现"爱人"之仁德,孔子的根本途径就是"忠恕之道",基本手段是"克己复礼"。当然,孔子所主张的"复礼"绝不只是原封不动地恢复传统的周礼,还包含着对传统的"礼"加以改良,使之重新发挥维护上尊下卑、各司其职的良好社会秩序的作用。天下秩序井然是最大的"仁",因此,在孔子的思想中"仁"是核心内容,是他所追求的目的,而"礼"是实现目的的手段;或者说,"仁"是"礼"的心理基础,"礼"是"仁"的行为规范。应该指出这是我国伦理史上第一个完整的体系。它对后世的伦理思想以至整个思想文化发生过重大影响①。

以"礼"为最高道德标准的,最早提出者为管仲。《管子·牧民》中说:"国有四维。一维绝则倾,二维绝则危,三维绝则覆,四维绝则灭。倾可正也,危可安也,覆可起也,灭不可复错也。何谓四维?一曰礼,二曰义,三曰廉,四曰耻。"他把"礼"放在首位。广泛地说,"礼"包括了国家制度、等级秩序和典章仪式等内容,从伦理学上来说,是指个人所要遵循的社会规范和等级秩序。以"礼"为最高的道德规范,也就是把个人与社会的关系放在首位,把个人与个人之间的关系,个人品德的修养都放在从属地位,即道德的作用主

---

① 张晓昀. 中华民族传统道德的传承及其当代价值 [D]. 北京:北京交通大学,2018.

要是个人遵循社会准则，遵循封建的等级秩序。

以"义"为最高道德标准的，是墨子。墨子赋予"义"独立的内容，即所谓"兼相爱，交相利"，并且把它作为人与人交往的基本准则。在具体阐述这一准则时，墨子提出了"兼爱""非攻"等许多著名的准则，对"王公大人"的剥削压迫和荒淫无耻，进行了严厉的谴责。

以"道"为最高准则的，是老子和庄子。他们的"道"首先是指宇宙的精神本体及其发展规律，他们认为人与人的关系应合乎这一规律，个人的修养要能通于"道"，才能达到尽善尽美的境地。从这一意义来说，"道"也就成为他们最高的道德准则。在具体阐述中，他们认为，现存的社会关系都是有悖于"道"的。因此，他们不是要求遵循这些社会准则，而是根本否定个人对社会的义务，或是主张回到"无知无欲"的太初社会去，或是追求绝对自由的"真人"境地①。

纵观整个先秦伦理思想，涉及道德的起源、人性的善恶、道德的最高原则、道德评价的标准以及道德与利益的关系等一系列伦理学的重要问题，它是中国古代伦理思想发展的一个高峰。

2. 发展、演变与成熟阶段——秦汉时期至1840年鸦片战争

这个时期是中国传统伦理思想进一步发展、演化和系统化的时期。在这个阶段，儒家伦理思想逐渐战胜了其他诸子的伦理思想而成为中国社会的主流伦理思想。这个时期大体上又可以分为以下几个阶段。

第一阶段是两汉时期。汉王朝建立后，害怕做"亡秦之续"，法家的政治、伦理思想也都随之失去了应有的地位，严刑峻法、奖励耕战等也都被否定，强调德治、强调仁义道德的作用又在社会中重新受

---

① 哈特曼等. 企业伦理学：中国版［M］. 北京：机械工业出版社，2011.

到重视。正是在这样的形势下，董仲舒在汉武帝的问策中大胆提出了把孔子思想作为唯一正统思想加以倡导的主张。总的来说，他们从神学目的论和阴阳五行说出发，将儒家伦理学说进一步理论化和系统化，建立了一套以"天人感应"为基础、"三纲五常"为核心、以维护封建大一统为目的的伦理思想体系。

第二阶段是魏晋南北朝隋唐时期。这一时期，儒家的伦理思想，经历了一个从被否定到重新被肯定的过程。先是儒学"独尊"地位的丧失和魏晋"玄学"的兴起，在国家治理方面的基本策略体现为"以孝治天下"。同时，随着佛学的流行，佛学的伦理思想也得到了发展。然而，不论是玄学或者佛学，它们的伦理思想，都不能适应维护封建大一统的需要，因而，最终又回到了儒学①。

第三阶段是宋元明时期。从宋代到明代中叶，可以说是我国封建伦理思想的完备时期。这个阶段中国古代社会经济在进一步发展，专制统治在进一步强化，以"三纲五常"为核心的封建伦理道德体系进一步完备。在学术理论上，纲常被进一步神圣化，维护君、父、夫权的忠、孝、节进一步绝对化；在社会层面上，道德教化全面加强与普及，伦理道德纲常的严酷性进一步显现。后人指责、揭露的"以理杀人""礼教吃人"等就是对这一时期封建纲常礼教严酷性的深刻批判。

第四阶段是明代中叶至清代时期。明清时期社会的动荡、商品经济的萌芽、个性解放的需要促使了具有早期民主主义精神的启蒙思想的产生，他们对传统的"三纲"和义利观念进行了总结性的批判和揭露，其思想主张在中国古代思想史上具有极高的历史地位，是近代道德革命的先声。但是，这股先进的思想理念被当时的统治者视为异端而严加打击，因此，他们对当时社会的实际影响非常有限，并没有动摇以"三纲"为最高原则的旧道德体系的统治

---

① 朱贻庭. 中国传统伦理思想史［M］. 上海：华东师范大学出版社，2009.

地位①。

3. 没落与新生阶段——鸦片战争后

从 1840 年第一次鸦片战争之后，我国沦为半封建半殖民地社会，严重动摇了当时人们对于传统伦理思想的信心，被迫进入社会转型的历史轨道。这一时期，由于民族矛盾上升为主要矛盾，因此，先进的中国人都把"民族大义"作为最高的道德准则。同时由于民族危机和社会危机的深化以及西方资产阶级社会伦理学说的传入，启蒙主义和民主主义的伦理思想再度复兴。

"五四"爱国运动以后，反帝反封建的革命领导权逐渐转移到无产阶级手中，中国开始步入新民主主义革命时期。五四新文化运动是一场革命，是力图打破旧制度、旧思想的束缚，具有启蒙性意义的、建设现代民主国家的历史性尝试。因此，五四新文化运动批判旧道德有着深远的历史意义和启蒙作用。

中华人民共和国成立后，马克思主义伦理思想成为中国的主导思想。马克思主义在中国的发展是以其自身的中国化过程为基础和前提的，中华民族优秀传统道德无可替代地成为新的社会主义道德建设的深厚精神资源。

中华民族传统道德是我们五千年源远流长传统文化的核心与灵魂，当前中国特色社会主义文化建设、社会主义核心价值观的培育与践行都根植于中华民族传统道德文化的沃土之中，是对中华民族优秀传统道德的继承与发展。2013 年 11 月习近平总书记在山东曲阜考察孔府和孔子研究院时指出，"国无德不兴，人无德不立"②。一个国家、一个民族的强盛，总是以文化兴盛为支撑的，中华民族伟大复兴

---

① 张晓昀. 中华民族传统道德的传承及其当代价值 [D]. 北京：北京交通大学，2018.

② 核心价值观其实就是一种德，国无德不兴 [EB/OL]. http：//politics. people. com. cn/n/2014/0505/c1024 – 24975911. html.

需要以中华文化发展繁荣为条件。对历史文化特别是先人传承下来的道德规范，要坚持古为今用、推陈出新，有鉴别地加以对待，有扬弃地予以继承。要在马克思主义的指导下，在弘扬民族文化主体精神的基础上，立足于中国特色社会主义的实践，根据中华民族伟大复兴的需要，进行科学梳理、精心萃取，去其糟粕、取其精华，深入挖掘和提炼有益的思想价值，使之不断发扬光大①。在全面深化改革、推进中国特色社会主义伟大事业、实现中华民族伟大复兴的中国梦的新历史条件下，中华民族传统道德文化的当代价值日益彰显②。

（三）社会主义核心价值观对中华优秀传统文化的传承、转化与超越

习近平总书记指出："中华文明绵延数千年，有其独特的价值体系。中华优秀传统文化已经成为中华民族的基因，根植在中国人内心，潜移默化影响着中国人的思想方式和行为方式。今天，我们提倡和弘扬社会主义核心价值观，必须从中汲取丰富营养，否则就不会有生命力和影响力。"③ 由此可见，在经济全球化和西方文化强势发展的背景下，培育和弘扬社会主义核心价值观，只有根植于本土，自觉承接中华传统优秀文化，才能具有独立的民族性和强大的渗透力。

中华优秀传统文化是社会主义核心价值观的民族根基，社会主义核心价值观首先表现为与优秀传统文化的传承关系。习近平总书记强调："社会主义核心价值观的建设和完善，需要以中华优秀传统文化

［专栏1-2］
寓言小故事
《曾子杀彘》

---

① 中华民族伟大复兴需要中华文化发展繁荣——学习习近平同志在山东考察时的重要讲话精神［EB/OL］．http：//theory.people.com.cn/n/2013/1216/c40531-23849634.html.

② 张晓昀．中华民族传统道德的传承及其当代价值［D］．北京：北京交通大学，2018.

③ 中共中央宣传部．习近平总书记系列重要讲话读本［M］．北京：学习出版社、人民出版社，2014.

为基础。核心价值观能够长久存在不曾中断，是因为存在其固有的根本。放弃传统，否认传统，相当于切断自己的精神命脉，那么这个人也就无法继续生存和发展。中华优秀传统文化是我们继往开来，立足于国际社会，实现跨越性发展和长久发展的基础。"① 社会主义核心价值观从中华民族传统文化中汲取了四个方面的精神资源，即爱国情怀、民本思想、创新精神、和谐理念②。

其次，社会主义核心价值观的培育践行需要推进中国传统价值观的创造性转化。事实上，中华文化长期历史积淀下来的价值理念本身就在不断地充实和调整。随着社会的发展，一些不合时宜的内容逐渐被舍弃，而更多新的内容被创造性地赋予其中。这就启示我们，只有结合时代需要将一般性的道理和具体生动的社会发展实际结合起来，进行创造性的理解，才能消除文本与时代的疏离，使古老优秀的传统思想资源在当下社会获得勃勃生机。因此，应当采用正确的态度对待中国传统道德资源，既要摈弃历史虚无主义，也要防止历史复古主义，自觉以历史唯物主义为指导，坚持批判分析、辩证扬弃、综合创新、古为今用，使传统文化的价值理念与当代文化的创新问题获得新的结合③。

最后，社会主义核心价值观是对中华优秀传统文化的超越升华。中华优秀传统文化是社会主义核心价值观的基础根源，但并不是唯一内容。社会主义核心价值观还广泛吸收了人类文明的其他优秀成果，总结了我国社会主义精神文明建设的基本经验，是马克思主义中国化的最新理论成果。社会主义核心价值观体现了中国特色社会主义的共同理想，反映了全国各族人民的普遍愿望，具有先进性、时代性、开

---

① 习近平论中国传统文化——十八大以来重要论述选编 [J]. 党建，2014（3）.
② 黎昕，林建峰. 优秀传统文化的传承与社会主义核心价值观的凝炼 [J]. 福建论坛（人文社会科学版），2012（9）：163-167.
③ 尹强. "仁义礼智信"与社会主义核心价值观 [J]. 南京政治学院学报，2014（6）：47-50.

放性、广泛性、民族性等特征，是当代中国最进步的价值观。因此，社会主义核心价值观不是对中华传统文化的简单继承和现代复归，而是在马克思主义指导下，根据时代的发展变化，坚持"古为今用、推陈出新、取其精华、去其糟粕"的方针，为中华优秀传统文化注入了新的时代内涵，实现了对中华优秀传统文化的超越升华，同时也使中华优秀传统文化焕发出新的生机和活力①。

[专栏1-3]
理解社会主义
核心价值观

思考与实践

1. 伦理和法律的关系是什么？很多人认为不违法就是企业履行了社会责任。如何评价这种看法，为什么？

2. 企业合乎伦理的行为会给企业带来哪些好处？请举例说明。

3. 伦理只是个人的事吗？如何解释"好人"有时候也会做"坏事"？

4. 请举例你在学习、工作中遇到过哪些伦理问题或伦理困境？

5. 优秀传统文化对培育和践行社会主义核心价值观有哪些启示？

知识应用

知识应用1

---

① 宫奕璐. 社会主义核心价值观对中国传统价值观的传承、转化与超越研究［D］. 北京：中共中央党校，2019.

伦理分析与决策

学习目标

1. 掌握负有责任感的伦理决策过程

2. 掌握功利主义、道义论、正义论和美德论四种伦理分析工具的主要内容

3. 能够运用功利主义、道义论、正义论和美德论四种伦理分析工具进行伦理问题分析

引导案例

一家飞机制造商投入大量资金开发新机型，但由于负债过多造成资金极度紧张。如果不能在短期内获得大宗订单，公司将不得不关停部分业务，还会导致数千名工人失业，这对工人，甚至公司所在的整个小镇都将是灾难性的结果。公司现任总裁一直努力游说某外国政府采购该公司的飞机。当他了解到该国政府关键部门的一位部长因为赌博而负债累累时，便私下和这位部长取得联系，提出如果部长能够确保该国从公司购买5架飞机，公司将支付给他100万美元的现金酬劳之后，公司支付了100万美元并拿到了购机合同。总裁认为自己的行为具有合理性，因为此举挽救了公司、工人甚至整个小镇，而那位部长则还清了赌债，那个国家也买到了他们需要的飞机，此举带来的益处大大超出了它的损害。

资料来源：理查德·T. 德乔治. 企业伦理学［M］. 北京：机械工业出版社，2012.

思考：这是理查德·T. 德乔治《企业伦理学》中的一个案例，需要我们思考的是：（1）贿赂行为是否真的如这位总裁所说具有积极性？哪些人将会为此受到伤害？（2）如果您是法官将会如何裁决？您认为总裁在这种情况下应该怎样做，才合乎伦理？

商业活动中复杂的伦理困境往往很难决策，因为它们需要在相互冲突、互相竞争的利益中作出选择。以上这些问题正是本章要讨论的内容。对于这些问题，并没有显而易见的或简单的答案，但是通过学习基本伦理理论和指导方针，分享伦理困境和结果，深入讨论曾经历的道德的事和不道德的事，扮演案例中的角色来分析案例情境，有助于我们辨识、思考伦理困境背后深藏的问题。

一、伦理决策过程

（一）确定事实

解决伦理困境首先要辨明问题和相关事件。作出伦理性责任决策的第一步是确定事实。每个人的经历不同，这样每个人对事物的感知也会不同，这种知觉差异性将是产生伦理分歧的重要原因。努力准确描述事实真相，区分观点和事实是重要的事情。再回头看看刚开始的案例，我们可以从不同的层次或角度来描述这个问题。从组织层面上分析，该公司总裁通过贿赂行为拿下了订单，维持了公司的运营，工人也因此不会遭受失业的损失。但是，如果这笔生意事后在竞争对手之间引起争议，或媒体对此事进行曝光，又会导致诸多不良后果。

从社会层面上分析，问题就更为复杂。虽然贿赂行为给工人、工厂以及小镇带来的益处的确应该予以考虑，但是我们还应该考虑到该行为对整个商业体系的损害，对公平竞争理念的损害，对机会均等前提的损害，对其他同行业公司及其员工利益的损害，以及对政府官员诚实形象的损害。贿赂降低了市场经济的效率，导致资源与货物的分配不合理，造成第三方成本被迫提高。该公司因贿赂行为获取订单可能使其他的同业公司的财务状况变得糟糕，工人也会因此而失业，其他同业公司所在的小镇也可能会遭受萧条。

（二）识别伦理问题

其次，需要准确识别伦理问题的能力。决策主体应当从环境（宏观、中观和微观）中认知到各式各样的伦理问题。伦理问题的认知牵涉到两个条件：一是个人必须先认知其行为会影响到其他人；二是个人有数种行为可供选择。例如，很少有员工会盗用公司的资金，但是有很多人会拿公司的办公用品私用。前一种情况下，大多数人认知到盗用公司资金是个伦理问题，但是经常不会认识到拿公司的办公用品私用同样也涉及伦理问题。在商业环境中，对于一个人来说是一项伦理问题，也许对其他人而言，就是一项简单的财务决策。我们必须意识到，商业或经济决策和伦理决策之间并不相互排斥。在刚刚的案例中，这位总裁宣称该国政府购买的飞机设计合理、制造工艺先进，他认为总体结果是积极的，益大于损，否认这一行为会产生伦理问题，因为这国的政府也确实需要购买飞机，而交易成功后，公司维持了运营，工人也避免了失业，是互惠双赢的局面。然而，这是否只是一项简单的财务决策呢？在很多情况下，我们很容易忽略财务决策中的伦理问题，出现短视的情况。

（三）确定利益相关者

再次，需要确定和考虑决策所能影响到的所有利益相关者。利益相关者包括受到决策、政策和公司或个人运作影响的所有组织或个人。仅从总裁的角度进行思考和推理会使我们对事物的理解不够全面和深刻。我们必须更加深入地研究已知人群的益损情况，并考虑是否遗漏了一些受影响人群或者遗漏了一些该项决策可能会造成的后果。

在刚才的案例中，我们需要思考通过贿赂获取订单的决策对利益相关者的影响程度。比如，政府没有以合理的价格购买这些设备，那么就在滥用公众资源，使纳税人蒙受损失。如果该国政府原本就要和这家公司签订购机合同，那么官员受贿而得的钱，会成为成本而转嫁到消费者、股东等利益相关者身上。但是不论是哪种情况，这笔钱都是从合法拥有者手中剥夺而来。贿赂行为还会为招投标体系以及竞争机制带来损害，对参与招投标和竞争的人员品德造成影响。一旦行贿成为普遍接受的经营手段，人们购买的商品将不再物有所值。当贿赂行为败露的时候，贿赂涉及人员会遭到起诉、失去工作、面临高额罚款，甚至锒铛入狱等。此外，因为这个贿赂行为，有些人支付的费用被迫提高，有些人获得的利润被迫减少，整个社会体系也受到重创。

（四）比较和权衡

最后是比较和衡量每一种选择。意识到许多决策都关乎很多人的利益，能够帮助我们了解伦理决策所遇到的主要挑战。伦理决策经常会面对两难的境界。每一种选择都会给一些人带来损失而给另一些人带来好处。权衡每一种选择对利益相关者可能会出现的各种结果，而公平、公正和具有伦理性的决策应该是对所有的利益相关者都可以清楚解释，让所有利益相关者都觉得可以接受。在考虑了以上所有步骤之后，接下来就是作决策的时刻。

［专栏 2 - 1］
小组作业中的
搭便车行为存
在伦理问题吗？

二、行为伦理评价工具

企业伦理学中一个非常重要而基础性的问题是，在商业活动中，人们面对一个伦理道德问题时是如何进行价值判断以及行为决策的？而要回答这个问题就必须了解伦理道德分析工具，也就是人们是依据什么来对一件事情进行价值判断以及相关的行为决策。

在西方伦理学中，对行为伦理评价理论的两大流派：（1）目的论或结果论：主张以行为所造成的结果作为评价行为对错的标准，如利己主义、功利主义等。（2）义务论或非结果论：主张以义务作为评价道德的依据，认为义务独立于行为结果而存在，一种行为对或错是因为它具有特定的性质，或属于特定的种类，如康德的义务论等。

（一）功利论：基于结果的决策制定

1. 功利论的主要观点

"功利"一词的英文翻译是"utility"，它是"功利主义"的核心概念，是有用、实用和效用的意思。"功利"一词在《辞海》中的解释是功效和利益，同时又指利禄功名。《现代汉语词典》中对"功利"一词也做过相关注解，其含义是功名利禄，又指功业所带来的利益。由以上两种解释我们可以看出"功利"一词可以就其字面含义来理解，它是和功用、利益相关的。若从伦理学角度来考查，"功利"一词常常表现为一种"趋乐避苦"的行为效果，成为判断人们现实行为善恶的标准。"功利主义"的英文是"utilitarianism"，其在《辞海》中的定义是："以实际功效或利益作为道德标准的伦理学说。"功利主义继承发展了历史上幸福论和快乐主义的伦理学说和传统，认为幸福就是免除痛苦，求得快乐，而人的本性就是追求幸福，追求快乐，因此追求利益是合理的正确的。

功利论思想源远流长，古希腊哲学家伊壁鸠鲁（Epicurus）曾经提出过快乐主义人生观。中国古代的墨子是典型的功利论的代表。墨子主张"兼相爱""交相利"和"兴天下之利"，墨子的"兼爱"是和"交相利"联系在一起的，即爱中包含着利的内容，他认为爱人应该是"有力者疾以助人，有财者勉以分人，有道者劝以教人"（《尚贤下》）。墨子所讲的利，指的是社会的公利，希望达到的目的是"饥者得其食，寒者得其衣，乱者得其治"[①]。功利论的许多理念，如"最大多数人的最大幸福"理念至今仍深刻地影响着人们的思想和行为。杰里米·本瑟姆（Jeremy Bentham，1784~1832年）和约翰·斯图尔特·米尔（John Stuart Mill，1806~1873年）被认为是功利主义概念的创始人。尽管对功利论有不同解释，但是有关功利论的基本观点认为，功利论从目的的角度来研究伦理，主张以结果作为评判所有行为的依据，根据这种观点，行为本身并无好坏之分，只有当与其结果相联系时该行为才具有道德价值。行为本身也不具有内在价值，只是一种获得价值的手段。总体来说，功利论包括以下信条：第一，如果一种行为给受其影响的大多数人提供了最大福利，那么这种行为就是有道德的行为。第二，如果与其他可行方案相比，一种行为给所有受影响的人带来的净收益最大，那么这种行为就是有道德的行为。第三，如果与其他可选方案相比，一种行为为每个人带来的现在和将来的直接、间接福利最大，那么这种行为就是有道德的行为[②]。

---

① 邢兆著，匡亚明编. 墨子评传［M］. 南京：南京大学出版社，1993.

② 约瑟夫·W. 韦斯. 商业伦理：利益相关者分析与问题管理方法［M］. 北京：人民大学出版社，2005.

2. 功利主义的优缺点

功利主义在理论上的优势：首先，亚里士多德早就指出再多的规则也不足以应付道德生活的复杂性。新的生活实践和习俗的改变往往让已有的道德规则无所适从。功利主义以最大限度的检验原则作为一个判定标准，直白易懂、简单便利。其次，功利主义只对结果敏感，是一种务实的理论，对结果的关注使它不受习俗和教条的束缚，表现出乐于社会改革和进步的倾向。最后，"最大多数的最大利益"，表明它始终与最大多数人站在一起，而非立足于狭隘的少数人利益。不偏执于某一种既定理论和传统，功利主义能够以一种敞开的心态去面对新的事物，不断地予以吸纳和应用。一项计划、一条政令，只要能有益于最大多数人，功利主义就会对它予以肯定。功利主义在法律、政治学、经济学等领域都有巨大的影响力和应用价值。例如在公共资源分配上，是花大价钱维持一个难以治愈的病人的生命，还是不予以治疗，从而把医疗资源省出来去帮助其他可以治愈的病人恢复健康呢？功利主义无疑会选择后者，这也常常是多数人的选择。因此功利主义被政府政策制定者、经济学家和商业人员广泛采用。但是，功利主义也存在大量的问题。

我们应该时刻牢记功利主义思想是有缺陷的。对功利主义的批评主要有：

（1）功利主义尽管强调追求最大多数人的最大幸福，但是对于利益如何分配并未作出解释，这容易导致不符合权利、公正原则的结果出现。结果好并不能代表行为一定是道德的。然而，为了追求利益最大化的结果，功利主义不仅允许甚至要求一些不道德行为，如窃听商业机密、尔虞我诈、欺骗、说谎等。一些根据功利主义原则被认为是道德的行为，事实上可能是不公正的或是侵犯人的权利的。

（2）功利主义将人的主观快乐作为实现幸福的手段和评判依据，实际上否认了道德自身的客观存在性和崇高理想性，对手段和目的二者之间的关系也未做明确说明。这一理论显然与社会生活中舍己救人等高尚道德行为的事实相违背，易导致善恶不分。功利主义只考虑结果，忽视目的和动机，甚至为了实现目的而不择手段，割裂了动机和效果二者的辩证关系。功利主义将道德与幸福混为一谈，而幸福的实现是以主观感觉快乐为前提的，视角显得非常狭隘，极易走向享乐主义。

（二）道义论：基于伦理原则的决策制定

基于结果而进行决策只能是负责任的决策中的一部分。一些决策应该以原则为重，而不是以结果为重。在很多情况下，比如开头的案例中，结果并不能证明手段的正确性。当原则比结果更加重要时，我们该如何决策呢？道义论或许为这些问题提供了答案。

1. 道义论的主要观点

道义论又称义务论，是与功利论相对的另一个道德哲学理论派别。与功利论不同的是，道义论并不注重某一行为可能或实际产生的效果，而更加注重行为过程是否认同或遵守既定道德原则和道德规范。换言之，道义论在评判某一行为或活动的道德性质和意义时，是以行为是否具有伦理正当性为依据的，而不在于其所达成的目的。正如弗莱克纳（Frankena）所说："道义论主张，除了行为或规则的效果的善恶之外，还有其他可以是一个行为或规则成为正当的或应该遵循的理由——这就是行为本身的某种特征，而不是它所实现的价值。"[①] 道义论的观点由来已久，并得到了广泛的认同。道义论的典型代表要追溯到中国春秋时期的儒家思想家，如孔子、孟子等，他们提出了"君子以义为上""见义勇为"等与道义论密切相关的重要思想。

西方伦理学中道义论中最重要的代表人物无疑是康德（Kant，

---

① 威廉·K. 弗兰克纳. 善的求索：道德哲学导论 [M]. 沈阳：辽宁人民出版社，1987.

1724～1804 年）。他认为人之所以会讲伦理道德，主要因为人生来就具有善良意志。康德认为善良意志会对人发出命令，这种命令和一切感性经验，以及道德主体的偏好、兴趣、利益、欲求都没有关系，而纯粹出自理性对规则的尊重，这就是绝对命令①。

道德权利（moral rights）的概念是道义论的核心。每个人内在的尊严意味着我们不能随意对待他人。道德权利保证个体尊严免受损害，不能随意把他人当成手段和工具。道德权利暗示一些行为和决策是"禁止的"。因此，我们基本的道德义务是去尊重他人基本的道德权利。道德权利是以法律权利和义务理论为基础的。我的道德权利意味着，面对求援你有一定的责任，或至少不妨碍我的权利。道德权利也是以个人为基础，是从个人的角度来看问题，而不是从社会或群体的角度看问题。个人自由、福利、安全、健康和幸福是道德权利的核心价值。

道德权利的类型主要有：（1）消极的或自由的权利：如隐私权、生命不被剥夺权、处置私有财产权等。它们要求我们履行不干涉他人的义务。（2）积极的或福利的权利：如受教育权、取得食物权、医疗服务权、住房权、工作权等。它们要求我们主动地帮助他人拥有某种东西或帮助他人做什么事。

康德关于人的道德权利的基础解释。首先，康德认为每一个人都应该作为平等的、自由的人来对待。换句话说，每个人都有道德权利受到这样的对待，每个人都有相应的义务以这样的方式对待他人。有一些道德权利是所有人都拥有的，不论行使这些权利是否会给他人带来利益。其次，道德法则或道德律令是一种"直接命令我们去做某事，不要把他当作达到另一个目的的条件"的绝对命令，即无条件命令，而非假言性的。他的形式是"你应做某事"，不附加任何假设条件。在假言命令中，"如果或者假使一个人希望得到某种结果，那

---

① 刘爱军，钟蔚. 商业伦理学［M］. 北京：机械工业出版社，2016.

么他就必须选择某个行为"。例如，"如果你想功课好就必须努力学习！"就是一个假言命令。然而，道德法则却不是以假言命令的形式表达。人们不能根据自己的目标选择遵循或者不遵循道德法则。无论人们拥有怎样的目标，都必须受到道德禁令的约束。

作为一种符合道德规范的行为，它必须可以修正，永远具有一致性和普遍性；它必须将理性的人作为目的而非手段加以尊重；它必须来自理性的人的自由意志，并尊重理性的人的自由意志。我们可以举例说明如何评判一个行为是否符合道德规范。谋杀是错误的吗？谋杀就是指以不正当的理由剥夺他人的生命，而这个定义本身就意味着谋杀是不公正的行为，那么让我们再来设想一种盛怒下杀人的情形。如果表述为一条规则，就是："只要别人惹恼了你，就把他杀掉！"这个规则具有一致性吗？方法是将这个规则推而广之并应用于所有人，然后评判他是否仍具有内在一致性，每个人很可能都有被他人惹恼的时候，同时每个人也都会有惹恼他人的时候。如果人人都遵循这个规则，那最终这个世界上人类将不复存在，规则也就失去存在的意义，如果将这个规则普遍推广，最终将会导致它寿终正寝，可见该规则并不具有一致性。相反，我们可以考察尊重生命这种行为的一致性。表述成规则就是"尊重人类生命"。如果将这个规则普遍推广，那么人们就会互相尊重生命。这是一个具有一致性的规则，因为尊重生命的行为将永无止境，遵循这个规则并不会造成规则的灭亡①。

在本章开头的案例中，让我们把总裁所暗示的规则表达得更明确一点，是不是只要有机会，企业都可以对政府官员行贿？这位总裁十分强调失去合同将会造成的负面影响，因此他的规则可能是只有财务困难的企业才可以向政府官员行贿。如果公司财务困难是管理不善造成的，可能他的规则就是只有管理不善的企业才可以向政府官员行贿。上述规则显然都是荒谬的。如果简单地将行贿描述成

---

① 理查德·T. 德乔治. 企业伦理学［M］. 北京：机械工业出版社，2012.

一个对所有类似企业都适用的法则，无须更多的分析我们也能发现其中的问题。

2. 道义论的优缺点

道义论的主要优点是，从个人的道德意识出发，考虑这个人的行为动机是否合乎道德基本要求，如果符合就可以判断这个人的行为是合法道德的。道义论不需要花费过多精力去考虑各种利益如何平衡以及长远与短期利益如何计算，也避免为了达到善的目的可以不择手段。另外，运用道义论来构建社会伦理道德体系也相对较为简单，只要把不同人群的权利和义务明确，保证人们的权利和义务相一致，那么社会的伦理道德规范也就明确了。因此，道义论在应用过程中显得简单实用，实际上许多西方发达国家的社会伦理规范都是运用这个方法构建的①。

但是，道义论也有不少缺点，这主要体现在：道德判断的标准很难统一或者说每个人对道德律令的认知是不同的。人们受到的教育不同，先天带来的习气不同，所以道德感也有所差异，高境界的道德感是需要长期培养的。不同的文化也会对道德判断产生影响。例如，人们都认同每个人都具有人权，但是人到底具有哪些基本权利和义务，则往往有很多的争论。

（三）正义论：程序、惩罚和补偿

1. 正义论的主要观点

正义理论处理公正、公平。中文"正义"一词，在中国最早见于《荀子》："不学问，无正义，以富利为隆，是俗人者也。"正义

---

① 刘爱军，钟蔚. 商业伦理学［M］. 北京：机械工业出版社，2016.

在伦理学中，通常指人们按一定道德标准所应当做的事，也指一种道德评价，即公正。公正最基本的概念就是每个人都应获得其应得的权益，对平等的事物平等对待，不平等的事物区别对待。但要确定一个人应得的利益却有多种方式，可以根据其工作、能力、品行或需要等各种标准来衡量。每一种标准可能仅适用于某种场合或目的。

当代哲学家约翰·罗尔斯（John Rawls，1921~2002年）把所有的社会价值分为两大类：人的基本权利和财富。针对这两类价值，他提出了两个基本的正义原则。第一，任何人对大多数宽泛的基本自由享有同等权利，只要不冒犯其他人的类似自由。这条原则表明，应平等对待所有个体。比如，若干年前，已婚男性往往比从事同一工作的女性或单身男性获得更高的报酬，但人们认为这是理所应当的，因为当时人们认为男性通常是家中唯一挣钱的人，他们需要更多的钱担负起养家糊口的重任，但随着社会结构的改变，越来越多的女性进入职场，因此同工同酬而非按家庭的需要计酬成为更为公正的原则。第二，社会不平等和经济不平等被人为设定，对每个人的优先权而言它们被理性地预期成这样，而且它们被附属到对所有人开放的职位和官职上。为了保证这个原则，实行义务教育、遗产税等政策都是正义的、合乎道德的，而歧视制度是非正义的、不合乎道德的。另外，每个人的能力、努力程度等都有所差异，自然应该获得不同的收入，但是这种不平等分配必须受到限制，要有利于社会中最少受惠者或者说要给予弱者一定照顾，以消除自然禀赋差异造成的经济不平等。实行高额累进税、高福利等社会政策才是正义、合乎道德的[①]。

理查德·德乔治（Richard DeGeorge）明确了四种类型的正义。（1）补偿正义（justice）关注的是，对一个人曾经遭受的不公正待遇

---

①　Rawls R G J. A Theory of Justice [M]. Cambridge, MA: Harvard University Press, 1971.

进行补偿。（2）惩罚正义（retributive justice）对违法者或做坏事的人进行惩罚，因为他已对另外的人造成伤害。适用这一正义原则的标准是"惩罚与罪状是否相符?"（3）分配正义（distributive justice）指公正地分配福利和负担。是否有某个利益相关者由于某一政策或行动不公正地负担了成本呢? 其他人是否由于某一政策不公正地获利呢?（4）程序正义（procedural justice）指决策、程序和各方协议公正。其标准是"指导回报、惩罚、福利、成本分配的原则和程序是否公正"。这四种正义类型是广义的正义理论的一部分。它们如何表述和运用是根据社会体系和政府体制的不同而不同的①。

2. 正义论的优缺点

一个人的行为或一项政策只要符合正义的标准，就可以判断其是合乎道德的。不需要花过多的精力去进行复杂的利益计算，显得简单和实用。在实际中正义理论显然存在以下问题：伦理困境可以通过法律和诉讼程序来解决，在此之外，又由谁来决定谁对谁错呢? 谁拥有惩罚谁的道德权威? 当机会和负担与有权分配它们的人的利益不一致时，它们还能被公正地分配给所有人吗? 处于不同社会阶层、地位、文化的人对正义的标准和理解经常有所差异，因此关于正义的标准往往存在争议。

（四）美德论：基于人格和品德的决策制定

伦理学不仅应该关注行为主体应该从事什么样的行为的问题，而且还应该关注行为主体应该成为什么样的人的问题。前者重点回答人应该如何行事，后者要考察一个人的道德品质，特别是道德品质是否展示了美德或邪恶。

---

① Degeorge R T. Business Ethics, 3rd ed [M]. New York：Macmillan, 1990.

到目前为止我们主要关注的是行为及对行为的评判。我们也了解了如何使用常用的道德推理技巧来决定什么行为是伦理上可行的，什么是要禁止的，以及什么是必需的。前面我们讨论了行为的好与坏、对与错、道德与不道德，那么对行为的分析与对人及其个性的评价到底关系如何呢？

1. 美德论的主要观点

美德论可以称得上是传统道德文化和伦理学观念系统中最古老而经典的伦理观念图式和道德实践图式。美德论又称德性论、心性论。目前学术界对于美德论的概念并没有统一的界定。美德伦理，是指生活在某一特殊道德文化共同体中的个人，在承诺并实践其独特的"特性角色"的过程中，所获得的卓越成就及其显示的优异品质①。由此可见，美德论侧重人类个体内在的心性修养、人格完善，强调个体之品德、德性对主体自身行为的内在自律。所谓德性，就是我们通常所说的道德品质、道德情操。

美德论主张道德评价的根据是一个人的内在的道德品质，而反过来，一个有道德的人，就是具有良好的道德品质和道德情操。这可以回答美德论所关注的基本问题：我们应该成为一个怎样的人——应该追求良好的内在品德和人格，才能成为一个道德的人，而一个道德的人，才能有道德的行为。

美德论的中心主题是人的自我实现，即人如何根据某一个特定目的而实现自我完善。可见，美德论实则是目的论的一种，它是以特定的价值目标为旨归，而且始终以追求目的的完善或完美实现为价值目的。一个人实践自我完善的修养方法在自身所实现了人的内在目的，就表现为道德品质。而道德品质总是依赖其特殊的历史和

① 万俊人. 重建美德伦理如何可能——序秦越存博士新著《追寻美德之路》[J]. 伦理学研究，2008（04）：106 – 107. DOI：10. 15995/j. cnki. llxyj. 2008. 04. 018.

文化共同语境，不同的种族和社群、不同信仰者群体拥有各自的美德、德性。

这里让我们以美德论的典型代表学说——中国儒家思想和古希腊的亚里士多德伦理学说来进一步加深对美德论这种伦理学理论形态的认知。孔孟思想都把培养德性、完善人格作为自身的道德理想和追求目标，"君子""圣人"就是对一个人最高尚、最完善、最理想的人格的高度概括。这种人格以"仁"贯穿始终，要求"爱人"，表现形态有"父慈""子孝""兄友""弟悌"等，当然也包含各种具体的美德，如"敏""信""恭"等。

亚里士多德将美德分成基本的两类，称为理智美德（intellectual virtues）和道德美德（moral virtues）。理智美德是以知识、智慧的形式表现出来的，是通过教育获得的。对亚里士多德来说，人类既然是理性的动物，他们和别的动物的区别就在于他们的理智，因此，理智功能的正常发挥就是人类能达到的最优秀的表现，而对亚里士多德来说，智慧就是最高美德。而道德美德，它来自对理性身体欲望和偏好的恰当控制。这些欲望和偏好是自然的，在这个意义上来说，对人类也是理所应当的。但是它们必须得到控制，否则会过度并造成对社会上的个人或其他人的伤害。对激情和欲望的合理控制在于既不彻底压抑也不放任自流，相反人们需要在两个极端之间找到中间点。因此，虽然我们都有吃喝的自然偏好，但是还是应该理智地加以控制。就吃而言，能带来快乐的中间点是一方面避免暴饮暴食，另一方面避免饿死。面临危险时，勇气就是鲁莽和怯懦之间的中间点。

一般的道德美德之外，我们还可以加上对人类追求美德的行为有帮助的个性。此外对亚里士多德来说，我们不仅是理性的人，还是社会人，我们追求快乐的结果、有成就的结果或者是优秀的结果都是在社会的环境中实现的。美德不仅仅是个人成就辉煌或者获得快乐的方式，它们也同样对社会有益并因此被社会所认可。美德就是在与他人共同生活的艺术中表现优秀的技巧。

我们并非生来就具有美德，而是通过行动变得有德行。只有当我们的行动成为习惯，并且有了恰当行事的秉性时，我们才具有这里所讨论的美德。当受到诱惑，想做不该做的事情时，有美德的人会习惯性地抵制诱惑。比如，诚实的人会习惯性地诚实，能够抵制诱惑不去盗窃，即便是他可以从不诚实中获利而且不必担心被抓①。

2. 美德论的优缺点

美德论的优点是充满了人性的关怀。在美德伦理学家的眼中，只知道遵守预先制定好的规则的人是机械的、缺乏人性的。伦理学的目的应该是造就能持续行善的有道德习惯的好人。如果一个社会或一种文化能够持续的造就出一大批有道德的好人，社会道德水平才能从根本上得到保证。

美德论的缺点在于美德的内在性，导致人们很难判断一个人是否具有美德或者是否是一个有道德习惯的好人。一般情况下，人们只能根据一个人表面上的行为来判断该人是否具有某种美德。然而，从长期来看，人的行为并不一定具有一致性，经常有伪装性，会不断发展变化②。

3. 中华传统美德的内容

中国文化历来重视对人的美德进行高度概括。学界对中华传统美德的主要内容进行了归纳梳理，见仁见智。有学者把中华传统美德的主要内容概括为修身、齐家、治国三方面。还有学者概括为"仁、义、礼、智、信"几个方面。中华传统美德内涵丰富，难以概括其全部内容。

（1）修身、齐家、治国。"修身"，是指个人通过学习、培养和锻炼等各种方式，提高自身的思想道德水平。简单地说，就是修身养性，

---

① 理查德·T. 德乔治. 企业伦理学［M］. 北京：机械工业出版社，2012.
② 刘爱军，钟尉. 商业伦理学［M］. 北京：机械工业出版社，2016.

完善自我。在这一过程中体现在三个方面的做人态度。首先，对自身的态度是要培养"自强不息"的精神并且通过"慎独自省"的方法来提高思想觉悟。其次，对待学习、敬业的态度则要做到"忠于职守，业广惟勤"。最后，对于国家的态度，也就是爱国的精神。要先认识自己的国家，即"公忠体国"，才能更好地去思考如何爱国，即"尽忠报国"。

自强不息是一种刚毅的品质，是一种积极进取的精神，是我国传统道德中的美好品德。"天行健，君子以自强不息"（《周易》），告诉我们君子要自强，应效法天道，使自己变得刚强，做到生命不止，奋斗不息，不断提高自己的道德修养水平。君子一定要有宽广坚韧的品质。所谓"士不可以不弘毅，任重而道远。"（《论语·泰伯章》）

慎独自省是修身的方法。"所谓诚其意者，毋自欺也。如恶恶臭，如好好色，此之谓自谦。故君子必慎其独也"（《礼记·大学》），告诫我们君子要慎独，就是严于律己，使自己具有高尚的品质和节操。《论语》中有关提高道德修养的方法有严格要求自己的"躬自厚"，见到不好的人，也要反省自己是否有问题的"内自省"，以及能够认识到自己的错误并且自觉反省，以免再犯的"内自讼"。

忠于职守，业广惟勤。敬业爱岗，是个人职业道德修养，是职业道德的基础，敬业就是忠于自己的事业，爱岗是热爱自己的岗位。孔子云："三人行必有我师焉。"要谦虚好学，不自满，肯虚心向人请教，专心追求学问。勤劳是我国最具特色的中华传统美德之一。"勤则不匮"，只有老老实实地日出而作忙忙碌碌才能保证物资不紧缺。无论是《周礼》主张的"敬，不懈于位也"还是孔子倡导的"执事敬""事思敬"，都表明了古人对于勤劳的高度赞赏与推崇。

公忠体国，尽忠报国。于谦说"粉身碎骨浑不怕，要留清白在人间"（《石灰吟》），作者以石灰作比喻，表达自己为国尽忠，不怕牺牲的意愿和坚守高洁情操的决心。"志士仁人，无求生以害仁，有杀身以成仁"（《论语·卫灵公》），自古以来，它激励着多少仁人志士为国家和民族的生死存亡而抛头颅洒热血，谱写了一首首可歌可泣的壮丽诗篇。

齐家美德，是指处理好家庭中各成员关系的美德行为，使家族成员能够和睦相处。习近平总书记曾说："家庭是社会的基本细胞，是人生的第一所学校。"① 因此，家庭对于国家、社会、个人都有着重要的作用，正所谓家和万事兴。勤劳、节俭、孝顺、慈爱、兄友弟恭、亲善邻里等都是齐家美德。勤劳是中华民族每个家庭代代相传的美德，勤劳是家庭兴盛的根本。节俭是对劳动成果的珍惜，"谁知盘中餐，粒粒皆辛苦"（《悯农》），"克勤于邦，克俭于家"（《尚书·虞书·大禹谟》）都是告诉我们厉行节约。"百善孝为先"，孝是传统美德中最重要最根本的内容。子女要孝敬父母长辈。慈，则是父母要对儿女慈爱，"养不教，父之过"。兄友弟悌，要求处理兄弟姐妹关系，要和睦相处，互相包容、团结，要珍惜手足之情。"兄弟敦和睦，朋友笃诚信"，要求兄弟之间和睦，朋友之间讲诚信。

治国美德，是指治理国家的美德，主要体现在勤政、爱民、廉洁、秉公等。虽然古代的治国与今天的治国有着本质的不同，但关于治国的美德可以为今人借鉴。"以家为家，以乡为乡，以国为国，以天下为天下。"（《管子·牧民》）管子告诉我们要心系天下苍生，以天下为重。"先天下之忧而忧，后天下之乐而乐"（《岳阳楼记》），范仲淹向我们展示了为官者应有的志向抱负，应把国家和人民的利益放在首位。"以公灭私，民其允怀"（《书·周官》），告诉我们要以公心灭私心，不能假公济私。"治国之道，爱民而已"（《说苑·政理》），爱民体现在今天就是坚持为人民服务，坚持群众路线。廉洁奉公，表现为秉公执法、廉洁有守、反贪拒贿等。"惟廉者能约己而爱人，贪者必瘦人以肥己"（《明史·循吏传》），告诉我们只有廉洁才能更好地约束自己，才能全心全意为人民谋福利。

（2）"仁、义、礼、智、信"。"友善"成"仁"。《尚书》载：

---

① 人民网. 习近平话团圆金句：团聚最喜悦　团圆最幸福　团结最有力［EB/OL］.（2018－09－24）. http：//cpc. people. com. cn/xuexi/n1/2018/0924/c385474－30310291. html.

"克宽克仁，彰信兆民。"说明古人已经体察到了百姓的社会基础的重要性，并明确提出了明信天下的口号，这正是一种历史性的进步。所谓"仁"，最初的涵义是"爱亲"，即爱自己的亲人。《大学》中讲："亡人无以为宝，仁亲以为宝。"所谓"亲亲"为大，在中国传统的以血缘关系为纽带的家族、亲族社群中，最核心的伦理价值就是爱自己的亲人。后来到了孔子，"克己复礼"，诠释古语，将"仁"改造升华成为一个最高的道德原则。孔子论"仁"，所涉及的领域和意思十分地广泛，将"仁"的范围从血族关系扩展到社会大众，从而使"仁"具有了普遍性，并逐渐上升为最高的道德标准。

"仁"的具体化是"忠恕之道"，其修养方法是"推己及人"。《论语·雍也》里讲："夫仁者，己欲立而立人，己欲达而达人。"《论语·卫灵公》里讲："其恕乎！己所不欲，勿施于人。"就是提倡人和人进行换位思考，从自己的思想感受出发去推测别人的心理体验，任何时候都不要把自己的意志强加给别人。仁者爱人，也就是以仁人为本，尊重他人、关怀他人。从时代意义（或说内涵）出发，就是要在自我意识的基础上，保障每个人的合法权益，体现仁爱之心。无论是对自己的家人、亲友、邻居、同事还是素不相识的人，对不同肤色、种族、民族以及不同文化背景、宗教信仰的人，无论老少、贫富，健康抑或残疾，均一视同仁，友善待之。

"仁"为一切行为的根本准则，是所有"礼"的根源和依据。"人而不仁，如礼何？人而不仁，如乐何？"（《论语·八佾》）仁内在于心，发乎情，止乎礼，非礼勿视、听、言、动，而仁是礼之所本。所有合乎礼的仪节，孝与敬，及恭、宽、信、敏、惠等品格，都是仁的外显化和具体化。孔子之后，"仁"成为儒家思想的核心观念，不断地被阐释和丰富化，是历代儒者所着力发挥的最为重要的范畴①。

---

① 景海峰. 仁义礼智信与中华文化的核心价值［J］. 马克思主义与现实，2012（04）：188－194

"义"与"公正"。"义"最早出现在《周易》中。"立天之道，曰阴与阳；立地之道，曰柔与刚；立人之道，曰仁与义。"孟子说："羞恶之心，义之端也。"（《孟子·公孙丑上》）他认为，人做了不应该做的事应感到羞愧。古代学者大多将"义"解释为"合宜""应当"。"义者，宜也"（《中庸》）、"事得其宜之谓义"（《扬子法言·重黎》）、"行而宜之之谓义"（《韩昌黎·原道》）。总之，在中国古代文化中，"义"代表了一个社会公认的"适宜"和"应当"的道德行为准则，强调公平正义、坚守原则。

"义"是区分善恶、美丑、荣辱的基础，与"利"相对。孔子提出"君子喻于义，小人喻于利"（《论语·里仁》）的命题，荀子则主张"义与利者，人之所两有也""先义后利者荣，先利后义者辱"（《荀子·大略》）。儒家强调，对于利的追求应当有一个最低的限度，即不能以不义的手段去获取利。完善社会主义市场经济、构建社会主义和谐社会，应强调"义利统一"，积极倡导公平、正义的价值理念①。

"礼"与"文明"。中国古代的"礼"的概念，包含着丰富的内容。大体可以分为四个层次：一是指整个的社会等级制度、法律规定和道德规范的总称；二是指整个社会的道德规范，所谓"礼者，德之基也"；三是强调"敬"和"让"，作为一种具有特殊意义的道德规范，即"礼让"；四是礼仪、礼节仪式以及待人接物和处事之道②。对社会而言，礼仪是一个国家社会文明程度、道德风尚和生活习俗的反映；对个人而言，礼仪是一个人的思想道德水平和文化修养的外在表现。

现代礼仪主要延续了"礼"的狭义内涵，与古代的礼仪已有很

---

① 尹强．"仁义礼智信"与社会主义核心价值观［J］．南京政治学院学报．2014（6）：47－50

② 刘余莉．"仁义礼智信"研究三十年［J］．河南社会科学，2010，18（01）：187－190.

大差别，但它仍然有自身的规律性和普适性，其基本的原则包括敬人、自律、适度、真诚等。我们必须舍弃那些为剥削阶级服务的礼仪规范，着重选取对今天仍有积极、普遍意义的传统文明礼仪，如尊老敬贤、仪尚适宜、礼貌待人、容仪有整等，在人际交往过程中克己慎重、积极主动、自觉自愿、礼貌待人、表里如一、自我对照、自我反省、自我要求、自我检点、自我约束、以诚待人等。总之，我们应针对不同场合，对自己的社会角色进行准确的定位，始终保持谦让恭敬之心，遵守各种礼节礼仪。这对于修养良好个人素质，协调人际关系，塑造文明的社会风气，推动社会主义精神文明建设，具有重要意义。

"智"与"富强"。孔子兼重仁智，多次以仁智并举。"仁者安仁，知者利仁""知者乐水，仁者乐山；知者动，仁者静；知者乐，仁者寿。"在孔子看来，智是实现仁的重要条件。"里仁为美，择不处仁，焉得知。"他还将智仁勇统一起来，作为志士仁人的基本道德。孟子把智当作判别是非善恶的一种能力，提出"是非之心，智也"的命题。汉儒董仲舒强调"必仁且智"。智的丰富道德内涵包括：知道遵道、利人利国、自知知人、慎言慎行、见微达变、好学知过、量力而行、居安思危等①。

通过学习先进的科学知识和文化，把握和遵循事物发展的客观规律。无德养做基础的知识是无本之木，无德养做基础的能力是杀伤力，能力越强，可能对家庭和社会的伤害越大。才智与德行相辅相成，德才兼备才是大智。国以才立，业以才兴。国家要富强，人才是关键。诚如梁启超所言，"少年智则国智，少年强则国强"，只有智者云集，民智大兴，国家才能兴旺。

"信"与"诚信"。"信"被儒家称为"进德修业之本""立人之

---

① 刘余莉."仁义礼智信"研究三十年［J］.河南社会科学，2010，18（01）：187－190.

道"和"立政之本"。《左传·僖公二十五年》载:"信,国之宝也,民之所庇也。"信主要指一种诚实守信、言行一致的品德。老子说:"言,善信。"孔子不仅提出"人而无信,不知其可"的思想,而且把信提到"民无信不立",以至"去兵、去食,宁死必信"的高度。孟子在他的"五伦"学说中提出"朋友有信",并将信与诚相联,阐发了诚信的内在关联和规范意义。荀子则进一步将信推行于选贤治国,使信不仅是朋友伦理、交际的规范,而且扩至君臣上下伦理关系皆应以诚信为本。古人讲立德、立言、立功,就是希望人们将其作为一种德性要留给社会,无论说话还是做事,必须言行一致,努力做到为社会奉献自己的人生价值。市场经济环境下,诚信是一张通行证,是维系市场经济正常运转的重要基础。作为市场经济中的主体,不论个人还是企业,都要遵循诚实守信的价值理念。

思考与实践

1. 功利主义的定义是什么?你认为用功利主义方法判断行为的道德性是否可行?为什么?

2. 美德论的基本观点是什么?一些品质特征如诚实、忠诚、值得信赖、同情和谦逊能够教给他人吗?

3. 管理者进行伦理决策的过程是怎样的?

4. 人们是否有权利做他们想做的任何事?如果不是,在什么程度下人们有自由的权利?

5. 中华传统美德的内涵以及如何弘扬中华传统美德?

6. 世界医学联合会于 1964 年通过并先后于 1975 年和 1983 年修订了一份国际公约,即赫尔辛基宣言。这个宣言一方面肯定进行人体实验是必要的,另一方面又对人体实验作了若干伦理学方面的限制,其中一条说:"对研究对象利益的关注必须始终高于科学和社会的利益。"因此,在任何情况下,作为实验对象的人必须是自愿的,并且可以随时退出实验。有人认为,这条限制有悖于功利主

[专栏 2-2]
感动中国 2019
年度人物——
朱丽华

义原则，因为它的着眼点并不是最多数人的最大利益，而是实验对象的个人利益，体现了康德的反功利主义的道义论的立场，即：每一个人都是目的而不是手段。但是也有人认为这条限制也体现了功利主义的原则。你的看法呢？

知识应用

知识应用2

企业社会责任概述

学习目标

1. 了解企业社会责任的概念和内涵
2. 熟悉企业社会责任的思想渊源与演变
3. 给出你对社会责任表现与财务绩效的关联思考
4. 解释什么是利益相关者管理以及怎样进行利益相关者管理
5. 掌握危机管理的方法

引导案例

北京时间2008年5月12日14时28分，四川省汶川县发生8级地震。全世界爱心人士和企业纷纷向灾区伸出援助之手，捐款赈灾。地震事发当天，国内房地产巨头万科地产公司捐款200万元，继而让万科及王石都成为被质疑的对象，众多网民指责他们没有尽到企业应尽的社会责任。2007年，万科销售额排名内地房地产企业第一，超过523亿元，净利超过48亿元，而此次捐赠的善款不足其净利润的万分之四。

2008年5月15日，在为四川地震灾区捐款200万元之后，万科董事长王石在其博客上发表文章表示"万科捐出200万元是合适的"，并规定"普通员工限捐10元，不要让慈善成为负担，影响个人的生活质量"。随后遭到网友指责，甚至诞生了"做事不能太万科，做人不能太王石"的格言。

2008 年 5 月 20 日，在数万 QQ 群中快速传播着这样两则消息："王石不管你征服多少座高峰，你的心灵却高不过一座坟头。""以后喝王老吉，存钱到工商，还是用移动，买电器到苏宁，买保险选平安……"对万科来说，最大的危机在于，不少网民已经开始自发组织"抵制购买万科住宅，抵制持有万科股票"的活动。"坚决不购买万科的房子！"这样的口号在各大 QQ 群中流行。2008 年 6 月世界品牌实验室发布了 2008 年《中国 500 最具价值品牌排行榜》。在本次揭晓的排行榜中，万科的品牌价值为 181.23 亿元，比去年缩水了 12.31 亿元，其品牌形象受损（万科股价也从 5 月 15 日大跌 24.5%）。

资料来源：惠转宁. 万科"捐款门"事件的曝光及相应公关对策的分析与思考［J］. 商场现代化，2009（12）：370 - 371.

思考：为何万科董事长王石在其博客上发表文章表示"万科捐出 200 万元是合适的""普通员工限捐 10 元，不要让慈善成为负担，影响个人的生活质量"等言论后，万科股价下跌，品牌价值缩水？对此您有何评论？

社会主义市场经济出现以前，我们通常认为"企业"与"伦理"是两个毫不相干的概念。然而，随着经济的快速发展，生活中出现了越来越多的非伦理行为，人们开始逐渐意识到企业社会责任的重要性，企业社会责任的概念进入了人们的视野。

企业社会责任的基本问题可以从如下两个方面进行构设：企业有社会责任吗？假如有的话，有多少和什么类别的社会责任？这两个问题虽然看起来简单且直截了当，但对他们的回答却要谨慎措辞。这样说起来好像很矛盾，在过去的 30 年间，相当多的企业人士乐于接受企业社会责任的概念，但对企业社会责任的真正含义，他们只取得非常有限的一致见解。关于企业社会责任的定义，不同的学者有不同的定义。

一、企业社会责任的概念与内涵

（一）企业社会责任的定义

"企业社会责任"（corporate social responsibility，CSR）最早于1924年由谢尔顿（Sheldon）提出。谢尔顿认为，企业应该将企业的社会责任与企业经营者满足消费者需求的各种责任联系起来，认为企业社会责任含有道德因素，企业对社区的服务有利于增进社区利益。企业社会责任实践活动开展由来已久，但直到20世纪50年代才真正对其进行定义[1]。鲍文（Bowen，1953）对企业社会责任的定义是企业家具有按照社会的目标和价值观去确定政策、作出决策和采取行动的义务[2]。

阿奇·卡罗尔（Archie Carroll）的企业社会责任定义包括了四个具体方面，有助于我们了解企业社会责任是由哪些方面组成的：企业社会责任意指某一特定时期社会对组织所寄托的经济、法律、伦理和自由决定（慈善）的期望（见表3－1）[3]。首先，企业须承担经济责任。企业应该是一个以生产或提供社会需要的商品和服务为目标，并以公平的价格进行销售的机构。公平的价格指的是，社会认为企业所确定的价格能够反映产出商品和服务的真正价值，能给企业提供足够

---

① 奥利弗·谢尔登. 管理哲学 ［M］. 刘敬鲁，译. 北京：商务印书馆，2013.

② 霍华德. R. 鲍恩. 商人的社会责任 ［M］. 肖红军，王晓光，周国银，译. 北京：经济管理出版社，2015.

③ Carroll A B. A three － Dimensional Conceptual Model of Corporate Social Performance ［J］. Academy of Management Review，1979，4（4）：497 －505.

利润，以保证它的可持续存在和发展，能给它的投资者以回报。其次，遵从法律是企业的社会责任。然而，法律责任难以涵盖社会对企业的所有期望行为，常常滞后于被认为是合适的新行为或新观念，应付不了企业可能面对的所有情况或问题。再次，承担伦理责任。伦理责任是比法律责任更高层次的要求，包括了那些为社会成员所期望或禁止的、尚未形成法律条文的那些活动和做法。伦理责任往往不易加以界定，它们的合法性也不断受到大众的挑剔并存在有许多争议，不易获得企业的认可。但是不管如何，也是希望企业去回应伦理实践中出现的新观念。最后，承担慈善责任。慈善责任是企业自愿、自由处理的活动行为①。公司履行慈善责任的例子很多，比如王老吉2017年12月12日捐赠100万元校园基金，支持川大综合型人才培养与校园文体活动的开展②。成千上万的公司把钱、服务和义务工作时间捐给教育事业、青年人、卫生保健组织、艺术和文化事业周边环境改善、少数群体事务和残疾人项目。

表 3 – 1 　　　　　　　　企业社会责任定义理解

责任类型	社会期望	例子
经济的	社会对企业的要求	盈利；尽可能扩大销售，尽可能降低成本；制定正确的决策；关注股息政策的合理性
法律的	社会对企业的要求	遵守所有的法律、法规包括环境保护法；消费者权益法和雇员保护法；完成所有的合同义务，承兑保修允诺
伦理的	社会对企业的期望	避免成问题的做法；对法律的精神实质和字面条文作出的回应；认识到法律能够左右企业行为；做正确、公平和正义的事；合乎伦理地开展领导工作

---

① 卡罗尔，巴克霍尔茨. 企业与社会：伦理与利益相关者管理 [M]. 北京：机械工业出版社，2004.

② 王老吉百万基金落户川大，助力未来人才"孵化" [EB/OL]. (2017 – 12 – 15). https：//baijiahao. baidu. com/s？id = 1586839358480251544&wfr = spider&for = pc.

续表

责任类型	社会期望	例子
慈善的	社会对企业的想望/期望	成为一个好的企业公民；对外捐助，支援社区教育/人文关怀、文化与艺术、城市建设等项目的发展；帮助社区改善公共环境；自愿为社区工作

资料来源：卡罗尔，巴克霍尔茨．企业与社会：伦理与利益相关者管理［M］．北京：机械工业出版社，2004.

各细分责任之间并非互不兼容，经济责任与其他责任也不是并列关系，企业要履行其所有社会责任意指企业需要同时履行其经济、法律、伦理和慈善这四个方面的责任①。四责任框架对企业社会责任理论的后续发展产生了深远影响，然而，仍存在一定的局限：各类责任之间的界线不够清晰，对象内容不够明确，难以量化，限制了对企业社会责任理论的贡献②。

黄少英等（2015）指出企业社会责任是一个动态现象，它以可持续发展与和谐共存为前提，企业发展的目的是为人类自身发展服务，但不否定企业自身发展的需求。企业承担社会责任受到一定条件约束，包括经济、法律的或者道德的，并不完全建立在资源的基础上。企业与其他社会构成体之间存在相互的社会关系。不同的情景，企业社会责任具有不同的含义③。

---

① 卡罗尔，巴克霍尔茨．企业与社会：伦理与利益相关者管理［M］．北京：机械工业出版社，2004.
② 王倩．企业社会责任与企业财务绩效的关系研究——制度环境的调节效应［D］．杭州：浙江大学．
③ 黄少英等．企业伦理与社会责任［M］．大连：东北财经大学出版社，2015.

（二）企业社会责任思想的发展过程

1. 反对和支持企业社会责任观点

企业社会责任思想从提出之日起就一直充满了争议，争议的焦点内容就是现代企业是否应该承担社会责任。反对企业社会责任的观点认为：第一，社会问题不是企业人士所要关注的，而应该由自由市场体系里不受约束的活动来解决。自由市场如若不能解决的社会问题，就应该由政府和立法来处理。管理者就是要尽可能地多赚钱，使企业所有者或股东利益最大化，但是在这个过程中要遵守社会规则①。第二，管理者工作是以财务和运营为目标导向的，没有必要具有对社会问题进行决策的专长。企业的存在并不是为了处理社会活动问题的，而履行社会责任则可能会造成企业把主要精力搁在与盈利等目的不相干的努力上②。

支持企业社会责任的观点则认为：第一，企业为了自身的长期利益，必须向社会负责。今天社会出现的许多问题与企业自身的失误有一定的关系。企业应该在解决这些问题的过程中起到自己的作用。企业要在将来有更好的生存和发展，社会状况的恶化必须得到遏制。如果企业不去回应社会对企业自身的期望，那么它在社会中的作用就有可能为公众所改变。比如，政府可能出面调控，其他的商品生产商、服务与分销的系统就可能会替代这家企业。然而，持短期目标取向的管理者，有时就认识不到他们在经济系统中的权利和作用是由社会来决定的，要顺应时代潮流或更好的生存，企业就必须长期地对社会的

① Friedman M. The Social Responsibility of Business Is to Increase Its Profits [J]. New York Times Magazine, 1970, 13: 122 – 126.

② Davis K. The Case For and Against Business Assumption of Social Responsibilities [J]. Academy of Management Journal, 1973, 16 (2): 312 – 322.

期望加以回应①。第二，政府、社会公众支持企业对社会负责任。企业应该主动制定一些较高标准的行为规范，减少政府监管以及获得社会公众的支持。第三，由于企业拥有管理才能、职能专长和资本，应该给企业以解决比如工作场所中的公平、提供安全的产品、合理合法地做广告等这类社会问题的机会。虽然政府在这些社会问题的解决上也能够起到一定的作用，但最终还是要由企业来决定如何处理。第四，与其在问题已比较严重时才动手解决，主动地寻找改变更有实际意义，而且代价更小②。例如，企业是环境污染的主要制造者和环境资源的主要利用者，治理环境的最明智办法是提升企业绿色发展观念和能力。

值得注意的是，从上面所介绍的反对企业社会责任主张的观点来看，早先人们对企业社会责任概念所做的构想还比较狭窄。其中很多观点表面上看颇有道理，但是经不起推敲。现在，不再是关于企业是否应该履行社会责任的争论，而是企业应该如何履行的问题。

2. 关于企业社会责任的实施动机研究

关于企业社会责任实施动机可以从内外两个方面来进行分析。从企业外部来说，企业外部的利益相关者对企业不断施加压力，迫使企业履行社会责任。在面临外部压力中，政府和社会公众是外在压力中最重要的两个方面。政府从立法和执法两个层面对企业承担社会责任产生外部压力。而社会公众则通过消费者运动、劳工运动和环保运动对企业产生社会压力。从企业内部来说，关于企业社会责任实施动机的理论可概况为四种：一是工具理论，即企业是为股东创造利润的工具，企业履行社会责任的目的就是为股东创造价值；二是政治理论，

---

① Petit T A. The Moral Crisis in Management [J]. McGraw – Hill Series in Management, 1967, 11（2）：238 – 239.

② 卡罗尔，巴克霍尔茨. 企业与社会：伦理与利益相关者管理 [M]. 北京：机械工业出版社，2004.

即企业履行社会责任是为了在社会中形成某种力量，并使其能够在政治领域利用这种力量行使某种权力；三是相互影响理论，即社会公众希望企业履行社会责任并会向企业施加压力，而企业希望通过履行社会责任获得公众的好感，从而有利于企业的发展；四是伦理理论，即企业出于伦理和道德，愿意履行社会责任，并不是为了要求社会公众的回报①。

3. 企业社会责任的实施效果

企业社会责任或表现与企业绩效之间，是否确实存在着相关关系呢？许多年来，在企业社会责任与企业绩效之间关系的研究上形成的看法很不一致，先后出现过三个不同的观点或假说。第一种观点，认为企业社会责任对企业的盈利能力具有正向影响，即企业社会责任能够促进企业绩效的提高，代表性学者有布拉格登和马林（Bragdon & Marlin，1972）②、鲍曼和海尔（Bowman & Haire，1975）③、约翰逊和格林（Johnson & Greening，1994）④ 等。第二种观点，认为企业绩效与企业社会责任不相关，代表性学者有麦克威廉姆斯和西格尔（Mc-Williams & Siegel，2000）⑤、安德森和弗兰克尔（Anderson & Frankle，1980）⑥。第三种观点，认为企业社会责任对企业绩效产生负面影响，

① 赵越春. 食品企业社会责任行为表现评价及消费者响应 [M]. 北京：中国人民大学出版社，2014.

② Bragdon J, Marlin J, Is Pollution Profitable? [J]. Risk Manag, 1972, 19 (4): 9 – 18.

③ Bowman E H, Haire M. A Strategic Posture Toward Corporate Social Responsibility [J]. California Management Review, 1975, 18 (2): 49 – 58.

④ Johnson, R A, Greening, D W. Relationships Between Corporate Social Performance, Financial Performance, and Firm Governance [J]. Academy of Management Annual Meeting Proceedings, 1994 (1): 314 – 318.

⑤ Mcwilliams A, Siegel D. Corporate Social Responsibility and Financial Performance: Correlation or Misspecification? [J]. The Academy of Management Review, 2000, 26 (5): 603 – 609.

⑥ Anderson, J C and A W Frankle. Voluntary Social Reporting: An Iso – Beta Portfolio Analysis [J]. The Accounting Review, 1980, 55 (3): 468 – 479.

代表人物万斯（Vance，1975）①、凯迪亚和昆茨（Kedia & Kuntz，1981）② 等。他们认为企业承担社会责任会增加企业成本，从而使得企业在竞争时处于不利的地位。但也有很多研究认为这种负面影响是短期的，会随着成本的逐渐稳定、收益的逐渐显现而发生改变（Brammer & Millington，2008）③。整体而言，认为企业社会责任与企业绩效或长期价值有正向关系的文章占多数。

二、企业社会责任的利益相关者方法

（一）利益相关者的内涵与分类

1. 利益相关者的内涵

利益相关者（stakeholder）是在一家企业中拥有一种或多种个人或群体。正如利益相关者可能为企业的行动、决策、政策或做法所影响，这些利益相关者也能够影响该企业的行动、决策、政策或做法。企业与利益相关者之间具有互动、交叉影响的关系。简而言之，利益相关者被认为是"企业能够通过行动、决策、政策、做法或目标而影响的任何个人或群体。反过来说，这些个人或群体也能影响企业的

---

① Vance, S. C. Are Socially Responsible Corporations Good Investment Risks? [J]. Academy of Management Review, 1975, 64 (8)：18 – 24.

② Kedia B L, Kuntz E C, Stephens D B. Correlates of Some Selected Socially Responsive Behaviors of Banks in Texas：A Multidimensional Approach [J]. Academy of Management Annual Meeting Proceedings, 1978, 1978 (1)：246 – 250.

③ Brammer S, Millington A. Does It Pay to Be Different? An Analysis of the Relationship Between Corporate Social and Financial Performance [J]. Strategic Management Journal, 2008, 29 (12)：1325 – 1343.

行动、决策、政策、做法或目标"①。

在今天竞争激烈、全球化运作的企业环境中,许多个人和群体都是企业的利益相关者。利益相关者包括企业的股东、债权人、雇员、消费者、供应商等交易伙伴,也包括政府部门、本地居民、本地社区、媒体、环保主义等压力集团,甚至包括自然环境、人类后代等受到企业经营活动直接或间接影响的客体。这些利益相关者与企业的生存和发展密切相关,他们有的分担了企业的经营风险,有的为企业的经营活动付出了代价,有的对企业进行监督和制约,企业的经营决策必须要考虑他们的利益或接受他们的约束。从这个意义讲,企业的生存和发展依赖于企业对各利益相关者利益要求的回应质量,而不仅仅取决于股东。

2. 利益相关者的分类与管理

企业利益相关者繁多,包括员工、消费者、股东、债权人、合作者、竞争者、政府、社区、媒体、社会公众等。如果分别对纷繁复杂的利益相关者进行管理会占用企业大量的时间和精力。因此,有必要对众多的利益相关者进行分类管理,包括首先对企业利益相关者进行分类,然后对不同类型利益相关者的诉求进行差异化的响应。

克拉克森(Clarkson,1995)提出可以依据利益相关者与企业的紧密程度将利益相关者划分为首要利益相关者和次要利益相关者。首要利益相关者指那些与公司有着紧密联系的利益相关者,包括员工、股东、消费者等,倘若没有这些利益相关者的支持,企业的经营会受到直接的影响,并直接威胁到企业的生存;而次要利益相关者则是指那些对企业的发展有间接的影响,但是却有不能忽视的利益相关者,如媒体、社区等②。

① Freeman R E. Strategic Management: A Stakeholder Approach [M]. Cambridge: Cambridge University Press, 2010.

② Clarkson M B E. A Stakeholder Framework for Analyzing and Evaluating Corporate Social Performance [J]. Academy of Management Review, 1995, 20 (1): 92 – 117.

目前米切尔（Mitchell，1997）对利益相关者的分类具有较强的生命力。米切尔等利用维恩图（the Venn diagram，又称文氏图）把利益相关者描述为潜在型利益相关者、预期型利益相关者和决定型利益相关者三类，每一类代表着合理性、影响力、迫切性三种属性中的一种或几种。只有一种属性的称为潜在型利益相关者，两种属性的称为预期型利益相关者，三种属性的为决定型利益相关者（见表3－2)[1]。不具备上述三种属性的实体为非利益相关者。其中，影响力（power）指某一群体是否拥有影响组织决策的地位、能力和相应的手段。因而也可以这么说，不管某一利益相关者的某一权益要求是否具有合理性，其影响力都意味着该利益相关者能够影响该企业。例如，借助媒体的帮助，一个重要的、直言不讳的社会活动团体能够对企业施加极不寻常的影响力。

表3－2　　　　　基于三个特性所划分的利益相关者类型

属性	利益相关者分类	识别
影响力	潜在型利益相关者	自由的利益相关者：拥有影响力，缺乏合理性与迫切性；影响力常常不使用
合理性		蛰伏的利益相关者：拥有影响组织的影响力或迫切性
迫切性		苛求的利益相关者：拥有迫切性而缺乏影响组织的影响力和合理性
影响力与合理性	预期型利益相关者	主要的利益相关者：拥有合理要求且拥有影响这些要求的影响力
影响力与迫切性		危险的利益相关者：缺乏合理性但拥有影响组织的影响力和迫切性
合理性与迫切性		依赖的利益相关者：缺乏实现自己合理要求的影响力，不得不依靠其他影响力来影响组织

---

① Mitchell R K, Agle B R, Wood D J. Toward a Theory of Stakeholder Identification and Salience: Defining the Principle of Who and What Really Counts [J]. Academy of Management Review, 1997, 22 (4): 853 –886.

续表

属性	利益相关者分类	识别
影响力、迫切性与合理性	决定型利益相关者	决定型的利益相关者：同时拥有影响力、迫切性与合理性影响组织和即刻未来

资料来源：Mitchell R K，Agle B R，Wood D J. Toward a Theory of Stakeholder Identification and Salience：Defining the Principle of Who and What Really Counts [J]. Academy of Management Review，1997，22（4）：853 - 886.

合理性（legitimacy）指某一群体被授予法律上的、道德上的或特定的对组织的索取权利。由于所有者、雇员和顾客与一家公司有着明确、正式和直接的关系，所以，也就意味着他们的要求所包含的合理性成分较大。与公司关系较为疏远的利益相关者，如社会活动团体、竞争者或媒体，他们的要求则被视为具有较低的合理性。

迫切性（urgency）指某一群体的要求能否立即引起组织关注程度。紧急性可意味着某件事情是至关重要的——真的需要办的，或意味需要马上或在一定的时限内办成某件事情。

米切尔提出决定型的利益相关者同时具有合法性、影响力和紧急性三种属性，因此这类利益相关者对于企业是十分重要的，企业应该优先满足这类利益相关者的诉求；预期型的利益相关者则同时拥有上述三项属性中的两项；而潜在型利益相关者则是指拥有三项属性中任一项的利益相关者群体，这类利益相关者由于对企业的影响相对较小，往往并不会受到企业的重点对待。

（二）利益相关者管理的五个关键问题

企业管理者负有确定企业总体发展计划（如战略、目标和政策）的职责，并要监控这些计划的实施情况。因此，管理者不仅负有一些长期的责任，还负有许多较紧急的责任。然而，现如今利益相关者环境快速变化，组织上的管理任务就变得更加复杂。当管理者发现到许多群体对公司所实现的目标不够满意时，利益相关者管理问题就变得重要起来。

利益相关者管理要解决的问题就是力图使企业的利益相关者感到满意，在此同时，企业也是盈利的，即"双赢"的局面。我们与利益相关者如何打好交道呢？归根结底，那就是要合乎伦理并有效地实现企业的目标。由此说来，利益者相关管理的重要职能就是对利益相关者予以描述、了解、分析并加以管理。

对利益相关者管理的探讨需要考虑的因素包括社会、伦理及经济方面的，且必须涉及对规范性及工具性的目标和看法的讨论或坚持。如果我们打算收集到利益相关者管理需要的基本信息，就必须回答好如下五个重要问题[①]：

（1）谁是我们的利益相关者？

（2）我们的利益相关者都拥有哪些利益诉求？

（3）我们的利益相关者给企业带来了哪些机会？提出了哪些挑战？

（4）企业对其利益相关者负有哪些责任（经济、法律、伦理及慈善的责任）？

（5）企业应采取什么战略应对利益相关者的挑战和机会？

第一，找出我们的利益相关者。为了完整地回答这个问题，管理者必须确认的不仅仅是一般的利益相关者群体，还有那些具体的利益相关者子群体。一般的利益相关者群体是个十分广泛的群体，如雇员、股东、环境保护团体或消费者。值得注意的是，利益相关者是一个动态的概念。目前国内这个方面的研究成果比较多，例如夏赞才（2003）以旅行社为例，应用利益相关者模型研究了旅行社的利益相

---

① 卡罗尔，巴克霍尔茨. 企业与社会：伦理与利益相关者管理［M］. 北京：机械工业出版社，2004.

关者构成，并描绘了旅行社的利益相关者图谱（见图 3 - 1)①。

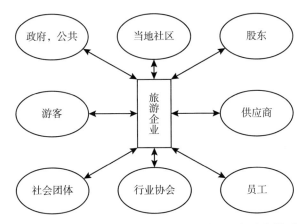

图 3 - 1　旅游企业与利益相关者关系的利益相关者模型

资料来源：夏赞才. 利益相关者理论及旅行社利益相关者基本图谱［J］. 湖南师范大学社会科学学报，2003，32（3）：72 - 77.

　　企业的外部环境在不断变化，企业的利益相关者也就会相应处于不断的变化和发展之中，静态地看待企业的利益相关者将不利于企业的健康发展。企业利益相关者的变化主要表现在两个方面：一方面是利益相关者数量的增减，一些原本是本企业的利益相关者的组织，也可能因为环境的变化而淡出利益相关者行列；另一方面，一些原本与本企业无关的组织可能因为环境的变化成为企业的利益相关者。

　　例如，20 世纪 90 年代初期，旅游与外事是一家，一套人马两块牌子。那时候的外事部门对于旅游企业而言就是名副其实的利益相关者。到 90 年代后期，旅游与外事分家，外事部门就逐渐从旅游企业的利益相关者名单中消失了；与此同时，一些旅游行业协会（如旅游饭店协会）陆续成立，这样原本不存在的行业协会就名正言顺地

　　① 夏赞才. 利益相关者理论及旅行社利益相关者基本图谱［J］. 湖南师范大学社会科学学报，2003，32（3）：72 - 77.

进入了旅游企业的利益相关者行列中。旅游企业的利益相关者结构就这样因为宏观环境的变化而亦步亦趋地发生了变化。此外，当前我国的旅游企业面临着愈加激烈的竞争，国内旅游企业之间，以及国内旅游企业与国外旅游企业之间的并购重组愈演愈烈。一些旅游企业通过兼并重组，新增了利益相关者或是出现了境外利益相关者使企业利益相关者关系复杂化。例如，2004 年 4 ~ 6 月，首旅、新燕莎、全聚德、东来顺、古玩城五家重组成现在的首旅集团；2004 年 1 月，天津泰达旅游集团与美国艾可亚公司签订合并意向书，成立泰达旅游有限公司。这时候，原来的首旅和天津泰达旅游集团的利益相关者都发生了很大的变化。我们就不能再静止地看待这些旅游企业的利益相关者，而应该动态地界定"谁是企业的利益相关者"①。

第二，利益相关者有些什么利益诉求。利益相关者确认清楚后，下一步要做的就是：利益相关者拥有哪些利益诉求？在企业运营过程中，企业需要对利益相关者的诉求进行响应，作为回报利益相关者会对企业给予支持。因此，了解利益相关者的诉求，并有针对性地进行响应是利益相关者管理的重点②。陈宏辉（2003）对各类利益相关的诉求进行了调查，结果发现每一类利益相关者都有多类诉求，且不同利益相关者的诉求有显著差异（见表 3 - 3），这些期望都是利益相关者希望企业能够满足的。同时同一类利益相关者的诉求在紧急性上有显著差异，企业应该尽可能先满足排序在前的期望。如员工的期望中工资、福利是最紧急的，企业就应该首先满足员工的这类期望；而对于消费者，产品质量、价格及销售服务是最紧急的期望，企业同样需

①　夏赞才. 利益相关者理论及旅行社利益相关者基本图谱［J］. 湖南师范大学社会科学学报，2003，32（3）：72 - 77.

②　Mitchell R K，Agle B R，Wood D J. Toward a Theory of Stakeholder Identification and Salience：Defining the Principle of Who and What Really Counts［J］. Academy of Management Review，1997，22（4）：853 - 886.

要先满足他们的这类期望①。

表 3 - 3　　　　　　　　各类利益相关者排名前五的期望

期望	股东	员工	债权人	合作者	分销商	消费者	政府	社区
第一利益诉求	长期生存发展	工资	及时收回贷款	稳定需求	及时供货	合格的产品质量	税收	提供就业
第二利益诉求	高额利润回报	福利	长期生存发展	及时付款	企业稳定生产	合理的产品价格	维持社会秩序	改善经济状况
第三利益诉求	良好企业形象		参与企业管理	长期生存发展	长期生存发展	良好的销售服务	稳定提供就业	提升社区品味
第四利益诉求				参与企业管理	参与企业管理	良好的企业信誉	长期生存发展	环保
第五利益诉求						长期生存发展	提高社会道德水平	长期生存发展

资料来源：伍健. 企业愿景在利益相关者管理中的作用：内涵、作用机制及有效性 [D]. 武汉：华中科技大学，2017.

　　总之，如果企业希望处理好与利益相关者的各种关系，对于这些群体的性质、合理性、影响力以及紧急性就都应该加以一定的关注。而且还应该强调，各家公司都有深刻理解其利益相关者合理要求的伦理责任，即使有些利益相关者对其管理层并没有多少影响力②。

　　第三，利益相关者给企业带来的机会和挑战。对于企业而言，利益相关者带来的机会和挑战在许多时候既意味着有利的一面，也可能是不利的因素。整体而言，与利益相关者建立良好、互惠的关系就是机会；反之，则是挑战，它往往意味着企业在处理与利益相关者的关系上还有欠妥之处，或说明企业在某些方面可能对利益相关者造成了

① 陈宏辉. 企业的利益相关者理论与实证研究 [D]. 杭州：浙江大学，2003.
② 卡罗尔，巴克霍尔茨. 企业与社会：伦理与利益相关者管理 [M]. 北京：机械工业出版社，2004.

损害。比如，产品质量、财务绩效等存在的问题。所以，我们一般强调的是从利益相关者那里所引起的挑战，而不是所带来的机会。

这些挑战一般表现为利益相关者对企业的不同程度的期望或需求。在大多数情形中，这些挑战的出现是由于利益相关者认为其要求没有得到适当的迎合。有时，当利益相关者群体认为所发生的某一危机完全是企业方面的责任或因企业的某些缘故而造成了某一危机，则所谓的挑战也就出现了。

回顾一下过去企业所经历的诸多危机，就可以容易地得出这样的结论：应该从利益相关者方面去考虑如何开展企业经营，去充分认识企业日常活动中可能遇到的威胁。机会和挑战既可能带来合作，也可能潜伏着威胁。

[专栏 3-1]

A 公司"夺命抽屉柜"事件引发危机

第四，企业对其利益相关者负有什么责任。一旦来自利益相关者那里的威胁和机会已被确定和理解，按理看来，下一个问题就应是回答这个问题："企业在与其所有利益相关者的关系里负有什么责任?"卡罗尔提出了利益相关者/社会责任矩阵。他认为，不同的利益相关者有不同的利益诉求，从而对不同的利益相关者企业需要承担不同的责任①。由于企业的绝大多数经济责任主要是跟企业自身有关的，所以，企业对其利益相关者负什么责任这一分析重点还是要落在对法律、伦理和慈善的问题分析上，而法律和伦理的问题要是分析不当的话，则可能带来极为严重的威胁。

第五，应该采取什么战略或行动。责任明确后，企业则必须构设如何与利益相关者打交道的战略和行动方案，在每一决策情形中，管理者都先应构设出一系列可供选择的行动方案，然后再择定一个或若干个看起来是最佳的方案。这里面有如下的重要问题或决策选择需要加以重视②：

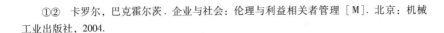

①② 卡罗尔，巴克霍尔茨. 企业与社会：伦理与利益相关者管理 [M]. 北京：机械工业出版社，2004.

（1）直接还是间接地与利益相关者打交道？

（2）与利益相关者打交道时，是主动出击还是进行防御呢？

（3）对于利益相关者的提议，是接纳、协商、处理，还是反对呢？

（4）对于上述战略构想，是把它们综合起来思考以形成一个方案，还就只探究、构设某个唯一的行动方案？

米切尔等（1997）指出企业需要对所有利益相关者的诉求进行响应，但是并不代表企业需要同等对待全体利益相关者，也就是说企业需要针对不同类型利益相关者采取不同的响应策略，平衡企业与不同利益相关者之间的关系。具体战略的构设可以建立在对利益相关者分类的基础上[①]。例如，在米切尔的分类中，潜在型利益相关者对企业的影响相对较小，管理者对这类利益相关者所要采取的战略就是监控这类利益相关者，力图避免其发生对组织不利的变化；尽可能地满足决定型、预期型利益相关者的利益诉求，尽力与他们合作，取得他们的支持等。应该指出，企业还不能只停留在单纯考虑利益相关者需要和关切上面。管理者对利益相关者还负有伦理上的责任，还需要采用更合乎伦理的管理方法。

三、危机管理方法

随着信息技术的发展和全球经济一体化进程的加快，现代企业的经营环境更趋动态和复杂。一些突发紧急事件将会对企业的生存产生重大的威胁，管理者必须在时间压力和不确定性极高的情况下作出关键性决策，将危机事件所造成的损害降至最低限度。另外，雇员权

---

① Mitchell R K，Agle B R，Wood D J. Toward a Theory of Stakeholder Identification and Salience：Defining the Principle of Who and What Really Counts ［J］. Academy of Management Review，1997，22（4）：853 - 886.

利、产品安全、工作场所安全、广告等方面形成的社会和伦理问题，也可能引发企业的危机，是企业必须认真对待和处理的。

"危机管理"（crisis management）方法由研究企业如何应对危机（也是必须应对）演变而来。危机是"决定性时刻""重要关头"或"事态发展到一个重要时期"。魏加宁把危机管理理解为："对危机进行管理，以达到防止和回避危机，使组织或个人在危机中得以生存下来，并将危机所造成的损害限制在最低限度的目的。"[①] 从企业的角度讲，如果事情程度升级，发展到需接受政府严格检查、妨碍企业正常运营、有损到企业或企业管理者的正面形象、超出企业能承受的底线，那么危机就会恶化。下面是两种企业如何应对危机的方法。

（一）第一种方法：从危机酝酿到危机解决

1986 年，管理学者斯蒂文·芬克（Steven Fink）提出一种观点，认为危机如同人的生命周期一样，经历着从出生到死亡不同的阶段，具有不同的生命特征，由此提出企业危机生命周期理论[②]。该理论根据危机生命周期的划分方式，共分为四个阶段：危机潜伏阶段、危机爆发阶段、危机持续阶段、危机解决阶段。处理这几个阶段需要进行判断和观察。

1. 危机潜伏阶段

通常来讲企业危机都是从渐变到量变，最后才形成质变，而此时危机尚处于渐变或量变阶段，不易被人察觉，如果企业能够及时发现

---

① 魏加宁. 危机与危机管理 [J]. 管理世界，1994（6）：53-58.

② Fink, S. Crisis Management：Planning for the Inevitable [M]. New York：American Management Association，1986.

并有效传递危机信息，则可以防范危机的爆发或将危机的影响降到最低。而量变没有控制好将导致危机的成型与爆发，因此控制潜藏危机因素的发展与扩散是危机管理的重要阶段。当事人必须仔细观察危机酝酿阶段的蛛丝马迹。可以是口头线索，如收到消费者投诉、媒体对于某个事件向企业高层的求证等。以"饿了么""3·15"遭到央视点名事件为例，2016 年央视曝光的黑餐馆问题实际上早在 2014 年就已经有了小范围的流传，当时就已经在新媒体平台上引起了波澜①。"饿了么"公司本应该重点关注这样的舆情民意，及时采取措施将问题消灭在萌芽状态，然而却放任其蔓延。

2. 危机爆发阶段

如果突破危急的预警防线，危机便进入爆发期，此时的危机对企业冲击最强、危害最大，威胁到企业的生存和发展，如果不能立即处理，危机将进一步上升，其杀伤范围与强度会变得更为严重。此时要尽量控制损失程度。例如，在"饿了么""3·15"遭央视点名后不久，"饿了么"的一名高级市场经理在微博上却称"对不起，饿了么今天忘记给央视续费了"，激起了网友的极大愤慨。"饿了么"随后发表的公开回应也被认为是"官样文章"。这种行为使"饿了么"给消费者留下更加负面的印象，根本无助于品牌危机的解决②③。

3. 危机持续阶段

企业危机发生后，随着时间推移，危机影响的范围会逐渐扩大，从而影响更大，会对其他领域产生连带影响，有时会冲击其他领域，而造成不同程度的新生危机。

---

①② 徐腾达，顾海兵. 新媒体时代企业品牌危机管理浅析——从"饿了么"事件谈起［J］. 常熟理工学院学报，2017，31（01）：45－48，65.

③ 从 3·15"饿了么"的负面曝光看创业公司的危机公关案例［J］. 公关世界，2016（05）：100－103.

4. 危机解决阶段

此时的重要问题在于：能采取什么措施来缩短这一阶段的持续时间，并一劳永逸地解决危机。企业危机经过有效的紧急处理可得到解决，但无效的处理则可能导致企业危机的残余因素继续发酵，最终使危机重新进入新一轮酝酿期。

（二）第二种方法：4R 模型

美国危机管理学家罗伯特·希斯（Robert Heath）提出了 4R 模型，并将其运用到危机管理的现实活动中。他认为，4R 模型能够帮助工作团队在面对危机时能够及时应对并在短期内予以化解，具有系统性、可操作性、针对性和有效性的特点。根据危机事件的演变以及处理过程，4R 模型将危机管理分为以下四个时期：缩减期（reduction）、预备期（readiness）、反应期（response）和恢复期（recovery）[1]。

1. 缩减期

缩减期包括危机风险评估、危机风险管理和组织素质提升三部分内容，是指采用防范预警等方法，在危机出现之前提升应对危机的能力，主要目标是缩减危机，降低危机发生的概率，降低危机造成的破坏性，减少危机影响的范围。缩减期是后三个时期能否成功的基础，也建立在对后三个时期的经验和总结之上。

2. 预备期

预备期包括预警系统、管理计划、管理团队、培训和演练等要素，是指采用某些手段在危机到来前做好应对危机的准备，其核心是

---

① 罗伯特·希斯. 危机管理（第二版）[M]. 王成，译. 北京：中信出版社，2004.

制订一套完整的应对危机的管理方案，组建专门的管理团队，提出具有较强可操作性的防范体制，同时为了应对危机，应定期进行培训与演练。预备期是在危机发生时是否能够有效应对的基础。

3. 反应期

反应期是指当危机事件发生之后，采取危机风险确认、处置危机影响和负面信息隔绝等措施的过程。反应期以缩减期和预备期为基础，其控制危机事件快速传播、消除危机隐患的基础是危机管理团队对于危机所面临风险的识别、判断与组织协调能力。

4. 恢复期

恢复期包括分析危机的影响、制订恢复计划、开展恢复行动以及对潜在的机会进行转化，是在危机事件发生并且造成了负面的影响之后的应对时期。恢复期通过各种适当的手段，在成功化解危机的基础上，恢复危机发生前原有的秩序，分析整个危机事件，为缩减期总结实践经验与教训，完善整个危机管理程序。恢复期是对前面三个时期经验的总结和升华，同时也可以从根源上提升应对危机的能力。

4R危机管理模型包括了危机事件的产生、爆发、恢复等各个环节，从整体上全面系统地将危机管理理论与实际相结合，并且是一个动态循环不断提升的过程，能够适应危机事件发展的客观规律。缩减、预备、反应、恢复四个时期紧密联系，每一时期处置的成功都离不开前面时期打下的基础，各个时期相辅相成、缺一不可。

[专栏3-2]
A公司问题
奶粉事件

思考与实践

1. 什么是企业社会责任？企业社会责任一般包含哪些内容？

2. 什么是利益相关者理论？举例说明某企业的利益相关者。

3. 什么是危机管理？危机管理方法有哪些？

4. 在三鹿的毒奶粉事件的案例中，你认为从理论上说，三鹿集团倒闭能否避免？为什么？

5. 对于食品和药品安全这一重大现实社会问题，企业、政府、社会团体各自应担负哪些社会责任？

6. 您可以任选一份企业披露的社会责任报告，阅读完全份报告后您将如何评价报告？您认为这是一家怎样的公司？判断的依据是什么？您的判断将对您日后的行为，如购买、合作、监管、宣传等分别产生怎样的影响？

知识应用

知识应用3

环境与企业的可持续发展

学习目标

1. 了解人类所面临的环境问题
2. 理解企业环境责任
3. 理解企业可持续发展的对策

引导案例

在甘肃河西走廊东端的祁连山脚下，有一条由柠条、沙枣、花棒、白榆等沙生植物"织"成的"隔离带"，这条南北长10公里、东西宽8公里的隔离带抵住了风沙侵蚀的步伐，使2666多公顷荒漠得以治理，有效保护了西油（气）东输、干武铁路、省道308线、营双高速、金武高速和S316线等通道免受风沙掩埋，为构筑西部生态安全屏障作出了贡献。然而在30多年前，这片林带所在的地方还是一块寸草不生、狂沙肆虐的大漠，被叫作"八步沙"，沙魔从这里以每年7.5米的速度吞噬农田村庄。1981年，古浪县开始对荒漠化土地进行开发治理，郭朝明、贺发林、石满、罗元奎、程海、张润元等六位年过半百的老人拿起锄头，扛上稻草，义无反顾地挺进八步沙，誓言"要用白发换绿洲"。他们以联户承包方式组建了八步沙林场，至此开启了"六老汉"植树的传奇经历。

"三代愚公志，黄沙变绿颜。"38年来，从第一代治沙人"一棵树、一把草，压住沙子防风掏"，到第二代治沙人创新应用"网格状双眉式"沙障结构，实行造林管护网格化管理，再到第三代治沙人全面尝试"打草方格、细水滴灌、地膜覆盖"等新技术，八步沙林场已完成治沙造林 1.5 万公顷，管护封沙育林（草）2.5 万公顷，植树 1000 多万株。以矢志不渝的坚守和奋斗践行了习近平总书记"绿水青山就是金山银山"的理念，诠释了科学治沙、绿色发展之路。昔日的不毛之地，已变成了农民增收致富的"绿色银行"。自脱贫攻坚战打响以来，林场探索将防沙治沙与产业富民、精准扶贫相结合，按照"公司 + 基地 + 农户"的模式，建立"按地入股、效益分红、规模化经营、产业化发展"的公司化林业产业经营机制，将各类林地林木补偿费全部用于防沙治沙，累计筹资上千万元。帮助从山区下来的移民贫困群众发展特色产业，实现增收致富。经过多年努力，职工年收入由原来的年均不足 3000 元增加到现在的 5 万多元，彻底改变了贫苦落后的面貌，实现了"沙漠变绿、治沙人致富"。

资料来源：[1] 许冬梅，梁开军，张兴林. 甘肃省古浪县八步沙林场践行"两山"理论的调查与思考 [J]. 环境保护，2019，47（21）：73 - 74.

思考：您如何看待"沙漠变绿、治沙人致富"？

环境是人类赖以生存的条件，也是人类发展的根基。20 世纪后半叶，环境保护主义开始盛行，揭露空气污染、水污染和保护濒危物种等各种环境问题。20 世纪 70 年代才成为公共政策关注的问题。很少有企业在此之前考虑到自然环境问题。但是环境恶化已永远成为人类历史的一部分。18 ~ 19 世纪的工业革命给自然环境带来了更恶劣、更迅速的破坏。21 世纪初，地球经历了自 650 万年前恐龙灭绝以来物种灭绝最快的时期，人类也受到了全球气候变化的威胁。每一次巨大的环境事件主要是由人类活动，特别是由现代工业所引起的。简而言之，在过去 2 个世纪中，人类的商业活动给地球支持人类生命的能力带来了极限挑战，并且已经越过了地球支持其他形式生命的极限。本章将介绍一系列的伦理问题，这些问题将伴随着企业实现环境可持续发展的整个过程。环境问题不再属于企业决策的次要问题，也不再是企业能够避免的问题和负担。可持续性的企业是未来发展的潮流。

一、自然环境与发展

20世纪的30~60年代，全球范围内出现了很多环境污染事件，其中最严重的有八起污染事件，人们称之为"八大公害"事件，包括1930年的比利时马斯河谷大气污染事件；1948年的美国多诺拉大气污染事件；1952年的英国伦敦烟雾事件；1943年的美国洛杉矶烟雾事件；1953年的日本水俣病事件；1955年的日本富山痛痛病事件；1955年的日本四日市哮喘事件；1963年日本爱知县米糠油事件①。从30年代的世界八大公害事件，到如今的各种环境污染，人类在得到财富、获得各方面发展的同时，却失去了赖以生存的基本条件——良好的环境。目前，人类面临的生存和发展面临着包括全球气候问题、大气污染问题、水污染问题等在内的多方面的危机。

（一）资源短缺

由于全球人口的不断增加，人类生产活动规模越来越大，对各项资源的需求越来越多。当前水资源、耕地资源和矿产资源已经成为最短缺的资源。无论是发达国家还是发展中国家，其经济发展初期都依

---

① 世界环境污染最著名的"八大公害"和"十大事件"[J]. 管理与财富，2007（1）：14－15.

赖于对能源和资源的过度消耗。以美国为例，二战结束后至20世纪70年代，在家电、食品、汽车、建筑等初级消费的拉动下，经济得以快速增长，而这些初级消费对资源和能源的依赖都很强。然而，很多资源，如矿产资源以及能源主要使用的化石资源具有不可再生性，泥炭、煤、石油、天然气、金属矿产、非金属矿产等生长过程与人类社会发展相比，其形成非常缓慢，与其他资源相比，再生速度很慢，或几乎不能再生，对不可再生资源的开发和利用，只会消耗，而不可能保持其原有储量或再生①。水是生命的源泉，也是经济发展的重要条件，同样也是人类生存的必备条件之一。地球海洋的面积大约占了70%，在这70%中，海水占了97.3%，可用淡水则仅占有2.7%。而这近3%的淡水中有四分之三多存在于雪山冰川中，其余的大部分存在于土壤中和地下，只有极少一部分为地表可直接使用水。全球的淡水资源非常紧缺，在地理分布上更是不均匀。越发严重的水污染，将使人类面临前所未有的艰难局面。土地是人类生存与发展的重要基础资源，是人类不能出让的生存条件，人类社会发展迄今为止所创造的一切财富，都源于对土地的利用。然而，受农业结构、生态退耕、自然灾害和非农建设占用等因素影响，耕地面积逐年减少②。

（二）环境污染

运输、工业、森林砍伐、农业等活动释放巨量的二氧化碳（CO_2）、甲烷（CH_4）、一氧化氮（N_2O）、一氧化碳（CO）等气体，这些气体直接导致大气的组成成分发生变化，导致全球气候恶化逐渐变暖、大气污染等环境问题。温室气体主要来自于煤、石油、天然气等化石燃料的燃烧。同时森林砍伐、土地利用方式变化、农田耕作、

① 乔标. 如何应对我国能源资源约束问题 [N]. 中国经济时报, 2014-01-09.
② 綦海萌. 我国耕地资源短缺的原因及对策初探 [J]. 国土资源, 2011 (3): 56-57.

畜牧业等也是温室气体的主要来源。臭氧层堪称地球上生物的保护伞，位于距离地面 10~50 公里范围的大气平流层内，它可以吸收太阳的大部分紫外线，达到阻挡紫外线对地面的辐射的功能。20 世纪以来，随着人类活动的加剧以及氟氯烃类化合物、哈龙作制冷剂、除臭剂、喷雾剂等的大量使用，两极地区的臭氧浓度明显下降，甚至有些地方出现臭氧空洞。臭氧层的破坏会直接导致紫外线对地面的辐射量增加，从而增加人类皮肤癌和白内障的发病率，它还会破坏海洋和陆地的生态系统，妨碍生物的正常生长。土壤污染主要来源于工业和城市的废水及固体废物、大气中污染物（如二氧化硫、氮氧化物、颗粒物等）通过沉降和降水落到地面的沉降物以及农药、化肥、牲畜的排泄物等。土壤污染可能会对食物安全、人体健康和社会稳定等造成危害。

（三）环境危机对经济社会发展的影响

环境危机对经济和社会发展的影响极大。经济与社会发展的前提是稳定，稳定最基本的前提是人们可以在社会中获取满足自身生存的基本条件。环境是人们生存的基本条件，环境危机导致人们赖以居住的条件遭到破坏。异常的气候变化、肆虐的极端天气、各种新型传染疾病等都将严重威胁着人们的生存。一系列环境危机带来的问题，致使贫穷国家更加贫穷，从而造成经济和社会的极度不稳定，影响世界整体的和谐发展。

环境危机对经济与社会的影响具体表现在加剧代际矛盾上。地球上的资源是有限的，环境的承载能力也是有限的。一些当代人只求当前的发展，忽略子孙后代人的发展，大量利用自然资源，生产和生活行为对环境造成极大破坏。然而，子孙后代的生存和发展也离不开丰富的自然资源以及良好的环境，这些当代人的"提前消费"行为将会使后代人的生存和发展因资源和环境问题陷入困境。发展是每个人

［专栏 4 –1］
北极"最后冰区"创纪录融化

［专栏 4 –2］
全球垃圾治理的严峻形势

都享有的权利，并不是某些人或者某类人的私权，当代人没有权利限制或剥夺后代人的发展。

环境危机也会促使经济和社会发展方式的转变。人们由以前的"先污染，后治理"的发展观念逐渐转变为"实现环境和发展的协调"，在这个过程中，经济发展方式也由原来的简单粗放型向专业技术型转变，由以前的单纯依靠自然环境向开发可替代新型能源发展。

二、企业可持续发展

自工业革命以来，相当长的一段时间内，企业是将环境当作免费的、不受限制的资源来使用。随着国际公众意识提高和立法控制趋严，这种情况正在成为历史。由工业、人类活动和自然过程造成的大量环境滥用，唤醒了保护和挽救环境的国际意识。人们对空气、水和土地等资源的耗尽和破坏使自然资源处于危险之中。例如，巴西热带雨林的破坏、地球上空臭氧层变薄、二氧化碳聚集使温室效应时有发生、全世界各大城市的雾霾、有毒物质排放导致江河湖海和地下水受污染等。对人类而言，环境污染和环境破坏引发了心脏病、呼吸系统疾病和各种癌症。

（一）企业为什么对环境问题负主要责任

企业对自然环境污染和消耗起了主要作用。自 18 世纪工业革命开始，现代工业不断推动着全球生产效率提高，为我们提供了无与伦比的物质繁荣和更为便捷的生活条件。但与此同时，它也迅速消耗了我们宝贵的自然资源。长久以来，追求利润最大化的企业都将环境当作免费的、无限的物品来使用，并忽视自己对环境造成的损害，推卸本应承担的环境治理成本。然而当每家企业都以此种方式推论时，积少成多，这些行为的结合就可能带来巨大的灾难性后果。地球在短短数十年间变得两倍于现在的拥挤，垃圾堆积成山、全球气候变暖、物种濒临灭绝等一系列危机已经成为人类社会挥之不去的梦魇，给后代带来了史无前例的环境威胁。

企业的每个环节都要对消耗大量的原料和能量负责，也要对引起的废物堆积和资源降解负责。例如，森工企业对诸如铀、煤和石油等原材料进行加工处理的过程中，在挤压、运输和加工阶段会导致空气、水和土地污染问题。生产企业，如那些生产钢铁、石油化工产品和纸制品的企业，长久以来也被认为是空气污染和水污染的主要来源。

虽然生产和运营过程对于空气、水和土地的污染是最为可见的影响因素，但实际上，一家企业中的每个部门都很可能在影响自然环境的过程中扮演某些角色。例如，研究实验室和工程部门可能生产一定数量的环境污染物，并把他们设计的有毒的、非再生的产品递交给生产部门。财务部门使用会计部门提供的不太充分的数据，可能会建议一些以短期标准为依据的决策，这些标准没有将项目对环境的破坏可能带来的全部成本包含在内。人力资源部门可能忽略了在人员招募、选择和开发决策中对环境问题的考虑，很可能晋升那些并没有分享组织环境价值观的人。最后，营销部门可能为那些具有环境争议的产品和服务做广告并进行销售，而他们的顾客可能了解，也可能并不了解这一事实。当然事物都有两面性，企业的能力和生产率作为许多环境破坏的根源，也能用于支持环境并且减轻从前造成的破坏①。

（二）环境问题产生的原因

改革开放以来，我国的经济社会经历了高速的发展过程，我国国

---

① 卡罗尔，巴克霍尔茨. 企业与社会：伦理与利益相关者管理 [M]. 北京：机械工业出版社，2004.

内生产总值（GDP）一路飙升至全球第二。长久以来以 GDP 论英雄的发展观念深入人心，地方发展重视经济效率、轻视环保的现象屡见不鲜。近年，雾霾天气席卷而来，许多地区深受其害；大气污染物超标，癌症发病率节节攀升；全国多地气候异常，极端天气频发；酸雨导致植被受损，产量不尽如人意；土壤和水中的有害物质超标，危害人类的健康。生态环境问题的频发引起人类深思，也导致国内发生多起环境污染恶性事件。生态环境与生产发展之间的矛盾成为了目前制约我国社会发展的短板。关于环境问题产生的原因，可以从人口、资源、发展、政策四方面来分析。

首先，人口压力。随着社会的发展，人口数量不断增加，为了生存，人类从环境中获取的物质材料不断增加，同时向环境排放的废弃物也不断增加，进而导致环境污染和生态破坏。其次，资源的不合理利用。以前人们常常意识不到环境对人类的反馈作用，一味地从环境中索取物质资料，并不加节制地向环境排放污染物，同时把无污染技术和资源的管理置之度外。再次，发展过程中片面地追求经济增长。为追求最大的经济利益，往往采取以损害环境为代价的发展模式，结果造成严重的环境问题。发达国家的工业化过程就是一个"先污染后治理"的教训，说明盲目地追求当前经济增长的结果往往与长期发展的目标背道而驰。最后，宏观环境较为松懈，法律法规不健全。目前，中国的环境法规尚不健全，甚至有些方面还是空白，而且很多时候即使有相应的法律法规来约束，也因为其实际可操作性的问题而无法发挥作用，这些都给一些企业以"可乘之机"。整个社会环境的松懈使得一些企业即使知道会带来一些环境问题却还是会"一如既往"[①]。

①　刘爱军，钟尉．商业伦理学［M］．北京：机械工业出版社，2016.

（三）生态环境保护责任

1. 政府的生态责任

保护生态环境是政府的重要社会职能之一。这里所提到的政府包括国家的立法、行政、司法等公共机关，是国家权力的现实所有者，同时也是国家权力的实际执行者，是广义上的政府。政府能统筹全部社会的公共资源，意味着政府在生态文明融入中国特色社会主义经济建设中要承接重要的角色，能够利用顶层设计及统筹规划来总揽全局。政府应加大在水土保护、生态环境修复以及保护生物多样性等各方面中的技术研究力度，鼓励生态科学技术改革创新，把财政资金更多地投入生态环境保护工作中；完善和健全关于生态环境保护方面的制度、法规以及管理措施，大力提倡经济与生态和谐发展，将绿色产业政策置于重要位置；积极引导和规范市场与企业绿色发展，强化和培养企业的生态责任意识，促进循环经济健康发展。除此之外，政府及其工作人员应在生态环境保护方面发挥示范作用，树立低碳行政理念，构建节约型政府；普及生态环境宣传，营造环境保护舆论氛围，提高公众环境保护意识，引导和推动公民个体的生态行为；鼓励和支持环保非政府组织（NGO）的生态行为；加强生态伦理观念教育，创新绿色人才培养模式，奠定环境保护的人才基础。

2. 企业的生态责任

企业的环境责任已经开始引起广泛重视。企业作为经济活动的主要参与主体，也开始将环境保护、环境管理纳入企业的经营决策之中，寻求自身发展与社会经济可持续发展目标的一致性。西方发达国家在企业的社会责任问题上尽管争论较多，但是就企业的环境责任问题上观点较为一致，把企业的环境责任切实纳入社会经济实践并制定相关标准、规范。政府也加强了相关的国内立法，把企业环境社会责任和建立循环经济发展模式具体化和法律化。

ISO 26000《社会责任指南》指出，自然环境的影响来自组织的耗用能源及自然资源、产生的污染及废物以及产品和服务对自然栖息地的冲击。涉及的议题有：

（1）预防污染——识别污染及废物，测量、记录及报告污染源头，采取控制措施（例如减少废物原则），公布所使用原料的危害种类及数量，实施识别及预防使用禁用物料的制度。

（2）可持续资源的使用——识别能源、水及原料来源，测量、记录及报告它们的使用，采取资源效能措施（如节约措施），寻求取代非再生能源的可行机会，管理水源以达至在同一水系内公平享用。

（3）缓和及适应气候变化——识别温室气体排放源头，测量、记录及报告温室气体排放，采取减排措施，减少依赖石化燃料，预防温室气体排放，不能预防的便考虑二氧化碳储藏或中和措施，考虑排污交易；评估、避免或减少气候变化的不良影响，在土地计划、划分区域、基建设计及维修中考虑气候变化，发展及共享农业、工业、医疗及其他保障健康的科技。

（4）保护及恢复自然环境——评估、避免或减少对生态系统及生物多样化的不良影响，尽量运用市场机制转化环境负荷的成本，先致力保存继而恢复生态系统，考虑促进保育及持续使用的综合管理策略，采取措施以保存独特或濒危物种，采用可持续发展方式规划渔、农、林、牧业及营运准则，在拓展及发展时考虑自然保护，避免使物种消失或引入外来具侵略性物种的做法。

3. 个体的生态责任

个体既是产品的消费者，也是生态环境的消费者。在生态文明融入中国特色社会主义经济建设中，个体需主要承担两点生态责任。首先，适度消费。个体养成奢侈浪费的恶习，不利于个人的全面发展。个体需要养成适度消费的好习惯，并以这种好习惯去影响身边的人群。其次，表达个体诉求。每个人都具有享受蓝天白云、美好生活环境的权利。所以，每个个体都应当参与到生态环境治理中，勇于与破坏生态环境行为斗争，使破坏生态环境的主体受到应有的惩罚。

4. 非政府组织的生态责任

非政府组织是不以营利作为目的开展公益性的社会服务活动的独立民间组织。环境非政府组织就是指从事环保领域工作的非政府组织。在生态文明融入中国特色社会主义经济建设中，环境非政府组织需主要承担的生态责任有两点。首先，传播生态环保知识和理念。生态环保知识和理念的普及能够有效推动生态文明融入中国特色社会主义经济建设的进程。环境非政府组织主要可以通过社交媒体、举办活动等途径进行生态环保知识和理念的传播。其次，环保监督。环境非政府组织与政府、企业存在利益冲突，环境非政府组织可以在法律允许的范围内作为独立的第三方代表公众对生态环境保护进行监督，将生态环保诉求尽可能地传达至整个社会以产生广泛影响。

（四）治理对策：绿色发展

十八届五中全会中提出了"创新、协调、绿色、开放、共享的"五大发展理念①，为我国当前的发展开拓了新的局面。其中绿色发展理念是我国发展进入新阶段后立足于我国可持续发展的基本国策上提出的一个全新的发展理念，是我党各代领导人发展理念的重大变革，同时也为推进我国生态文明建设，建设"美丽中国"起到了重要的

---

① 文魁．析创新、协调、绿色、开放、共享的发展理念的内在联系 ［EB/OL］．http://theory.people.com.cn/n/2015/1130/c49150-27870325.html.

指引作用。绿色发展是我国在新时期对发展方式的必然选择，也是对发展方式的伟大变革。绿色发展究其要义来说就是要解决好人与自然之间关系的问题，是一种以资源能源的高效利用、人与自然和谐共生、发展的可持续性为目标的经济增长方式和社会发展模式。绿色发展需要各界共同努力。

1. 认识和处理好经济发展与环境保护关系

从短期看，加强环境保护可能给一些地方的经济发展带来一定压力，但这种压力并非源于加大了环境保护的力度，而是源于这些地方的产业结构不合理、企业绿色发展的技术储备不足、推动环境保护的体制机制不完善等，是尚未建立起较为完善的绿色发展的体制机制的问题，是很多企业乃至产业的发展方式有待转变的问题，归根结底，是没有认识好、处理好经济发展与环境保护关系的问题。

经济发展和环境保护的目的是统一的，都是满足人民的美好生活需要；两者的内容也是统一的，经济发展与环境保护相辅相成，可以相互转化，"绿水青山就是金山银山"。习近平总书记强调："要保持加强生态文明建设的战略定力。保护生态环境和发展经济从根本上讲是有机统一、相辅相成的。不能因为经济发展遇到一点困难，就开始动铺摊子上项目、以牺牲环境换取经济增长的念头，甚至想方设法突破生态保护红线。"① 这就要求我们牢固树立绿水青山就是金山银山的理念，正确处理发展与环保的关系，坚持从经济发展与环境保护两个方面同时发力、相向而行，力争经过一个时期的努力，实现两者有机融合、良性互动。在认识和处理经济发展与环境保护的关系上，应把握好两个原则：一是发展经济绝不能以牺牲生态和环境为代价，要在加强环境治理基础上推动经济发展；二是加强环保治理不能搞"一刀切"，

---

① 保持加强生态文明建设的战略定力　守护好祖国北疆这道亮丽风景线 ［EB/OL］. http：//cpc. people. com. cn/n1/2019/0306/c64094 – 30959592. html.

不能突破经济安全运行的底线，坚持在发展中保护、在保护中发展。

2. 突出企业在环境治理中的主体地位

企业是造成环境问题的主要责任者，必须对造成的环境问题负责。在生态文明融入中国特色社会主义经济建设中，各类企业要结合自身的工作实际促进绿色发展和环境治理，每个员工个体也要立足工作岗位积极参与环境治理。首先，企业要高度重视创新发展，提高自主创新能力和竞争力，加强与科研院所的联系，加强科技创新人才引进和科技创新平台建设，充分利用信息网络技术，大力发展数字经济、电子商务、跨境电商等新模式、新业态。其次，节约能源。企业要提高资源能源开发效率，做好资源能源的供应和储存管理；提高资源能源的利用效率，减少生产过程中的资源浪费，减少生产废品率、返工率；加强对生产过程中废物的重新利用，建立企业内部的循环工艺。再次，减少排放。企业要增加如太阳能、电能等清洁能源的使用，减少污染的排放；依照国家标准，增大对排放废弃物处理资金的投入，对污染物进行处理，力争实现零污染的排放。最后，提升产品质量和生态化程度。企业要生产符合安全标准的产品，按照国家生产安全标准进行产品生产，确保产品的安全性；提高工艺水平，延长产品使用寿命，减少废物垃圾产生；增大节能产品的生产规模，提升产品的生态化程度。

3. 加强国际合作，积极培育竞争新优势

近年来，我国生态环保领域国际合作取得了显著的成效，生态环保领域国际合作也已经融入了生态环保工作的主战线中，在促进外交关系发展、应对全球与区域性的生态环保问题、引进先进生态技术、资金和科学管理经验等方面发挥了积极的作用。目前，以我国为代表的新兴经济集体逐渐成为世界经济增长的新动力，生态环保事务在全球治理体系中的重要性也日益凸显，我国国际地位大幅度提升，全球生态治理话语权不断提升的同时也需要承担更多的生态责任。面对新

形势和新要求，需要我们对当今国际环境现状和发展趋势作出精准的判断，统筹国际与国内，从环境国际公约履约、开展生态环保双多边合作和绿色"一带一路"建设引进生态技术、生态环保资金和管理经验，实现资源能源互补①。

4. 不断完善制度体系，加大环境治理力度

目前我国存在的一个很重要的问题就是现行环境政策的内容不够全面，相关的法律法规还有待完善，而且很多法律法规的实际可操作性较弱，使得企业在环境保护方面很多时候有空可钻。因此，要加强立法，完善相关的环境法律法规，尽快做到体制规范，同时加强执法，保护生态环境。现行管理中存在多头管理、监管不严、政策缺乏激励效果等现象，政府要把环保问题在一个较高的位置，加大环境投入，注重跨区域合作，发挥主导作用。

5. 重视生态环境治理全民行动

2018 年，《中共中央国务院关于全面加强生态环境保护坚决打好污染防治攻坚战的意见》将"坚持建设美丽中国全民行动"作为习近平生态文明思想的核心要义之一，提出了"构建生态环境保护社会行动体系"的任务。在人与自然的关系处理中，人是主体。人民群众作为一个社会、国家最基本的组成单元，必须积极地参与到国家的经济社会发展中来。第一，加强普法教育和环境法律的普及，使群众从主观上意识到生态环境破坏问题的重要性。大力倡导和践行绿色生活方式，积极开展垃圾分类，既要促进生产、流通、消费、回收等环节的绿色化，又要在衣食住行等方面实现绿色化。全社会应该构建促进生活方式绿色化的网络、平台和环境。第二，各种社会力量大力组织开展各

---

① 张春晓. 生态文明融入中国特色社会主义经济建设研究 [D]. 长春：东北师范大学，2018.

种绿色公益活动，公民个人积极参加各类绿色志愿服务活动，努力做一个绿色志愿者。第三，重大生态环境治理工作应向社会和公众积极开放。建立健全群众监督激励机制，增强群众在法律监督中的作用。第四，家庭应该形成崇尚绿色生活的氛围，教育和引导孩子杜绝和避免高消费，从小形成绿色化生活方式，积极参加创建绿色生活的活动。

"社会是企业的依托，企业是社会的细胞"，作为经济最根本因素的企业，只有以可持续发展为指导方针和目标，才能推出有利于社会进步和发展的实际举措，才能被社会所接纳，才有足够的发展空间。因此，企业可持续发展问题是整个社会经济可持续发展的基础问题，加强对企业环境社会责任问题的研究尤其显得重要和必要。

[专栏 4-3]

扎根环保

引领水处理

技术创新

[专栏 4-4]

习近平"两山论"的自然观

思考与实践

1. 当前，人类环境面临哪些挑战？举例说明。

2. 什么是绿色发展理念？企业应该履行哪些环境责任？

3. 有人认为为了实现经济的继续不断发展，应该牺牲环境；也有人认为我们应该为了保护环境和资源而停止发展。你如何评价以上两种观点？

4. 如何理解企业在环境治理中的主体地位？你对企业更好地履行环境责任有什么建议？

知识应用

知识应用 4

企业与员工关系中的伦理问题

学习目标

1. 掌握雇员和雇主的权利和责任
2. 掌握工作场所中的伦理问题
3. 掌握雇佣中的伦理问题

引导案例

某劳务公司在某同城网站上发布招聘信息，标题为"某速递员三千加计件"，任职资格：男。邓某某通过试用后准备入职，但签约时某速递公司、某劳务公司仅因为邓某某是女性就表示不予考虑，导致邓某某受到了就业性别歧视。邓某某自从被拒后一直没有找到一份满意的工作，情绪低落、沮丧、失眠，邓某某受歧视、遭排挤的心理阴影难以消除。法院生效裁判认为：速递公司在答辩意见中所援引的相关规定并不能证明快递员属于国家规定的不适合妇女的工种或者岗位。对于邓某某询问丧失应聘机会的原因是否为其为女性时，李某作了肯定的答复，能够证明某速递公司拒绝聘用邓某某的原因在于其为女性，侵犯了邓某某平等就业的权利。某速递公司的侵权行为给邓某某造成了一定的精神损害，故法院结合某速递公司在此过程中的过错程度及给邓某某造成的损害后果酌情支持邓某某精神损害抚慰金 2000 元。邓某某所提某速递公司书面赔礼道歉的请求，依据不足，不予支持。

资料来源：最高人民法院. 邓某某诉某速递公司、某劳务公司一般人格权纠纷案［EB/OL］. (2016 - 08 - 26). http：//syzy. chinacourt. gov. cn/article/detail/2016/08/id/3432591. shtml.

思考：性别就业歧视是否合乎伦理？一位女性劳动者在职场中可能会遇到哪些非伦理行为？

在这个案例中，我们可以看到实行男女平等是我们国家的基本国策，《中华人民共和国宪法》《中华人民共和国妇女权益保障法》《中华人民共和国劳动法》《中华人民共和国就业促进法》都予以了规定。对于实施就业性别歧视的单位通过判决使其承担民事责任，不仅是对全体劳动者的保护，营造平等、和谐的就业环境，更是对企图实施就业性别歧视的单位予以威慑，让平等就业的法律法规落到实处，起到规范、引导的良好作用。同时，这个事件背后也正是企业人力资源管理中伦理缺失的表现。企业应该高度重视工作场所中的伦理问题，尊重并保护员工的基本权益，为员工营造良好的工作环境。为了更好地理解这一话题，本章将从企业与员工的雇佣关系出发，探讨员工在工作场所中所拥有的基本权利以及企业应为员工所承担的伦理责任。

一、雇员和雇主的权利和责任

在企业社会责任和伦理中，工作场所中的伦理问题也许是最普遍的话题，几乎每个人都会有工作的经历。尽管立法者和法院已经涵盖了工作环境的方方面面，但仍然有不计其数的道德事件是监管和道德机构所无法解决的。法律为工作环境中的道德事件提供了值得思考的建议，但有时候有些事情却远远超出了法律的审议。在市场经济中，雇主和雇员的权利和责任是建立在不同的假设前提和价值观基础上。

很多雇主认为他们拥有企业所有权和雇员的知识产权，而雇员则认为个体是自由的。雇主们希望实现利润最大化，财务稳步增长，提高产品质量，增加市场份额等；雇员则更希望能提高工资和福利，改善工作条件，增加流动性，确保工作安全。相互尊重和信任是雇主和雇员最为理想的关系。然而，在许多企业中，事情却并非如此。雇主和雇员之间的权力和权威关系经常是不对称的。与雇主相比，雇员一般处于相对较为弱势的地位，而这种弱势地位导致了企业内部很多非伦理事件的发生，如歧视、侵犯员工隐私等。

（一）企业雇主责任和雇员权利

企业雇员责任的伦理性质决定了雇员权利存在道德权利和法定权利两种基本形式。道德权利是在道德生活中主体所享有的，由一定道德体系所赋予，以相应义务为保障，基于主体意志的正当权利；法定权利是由法律赋予雇员的并由法律保障实施或免于侵犯的特权。雇员的道德权利实际上就是企业对雇员的道德责任，是社会对企业的伦理期待，要求企业遵守道德规范，保障员工应有的道德权利。在现行相关立法中不难看出，劳动者的很多权利中都渗透出雇主和雇员关系的伦理要求，彰显了企业雇员责任的价值取向。

1. 法律化的企业雇主责任和雇员权利

在我国现行法律体系下，已经法律化的雇主和雇员关系伦理，第一体现在劳动权。就业是民生之本，是劳动者其他权利的基础。就业才有收入，才能发展。我国《宪法》第四十二条第一款规定："中华人民共和国公民有劳动的权利和义务。国家通过各种途径，创造劳动就业条件，加强劳动保护，改善劳动条件，并在发展生产的基础上，提高劳动报酬和福利待遇。"公民有平等就业和选择职业的权利。我国《宪法》第三十三条第二款规定："中华人民共和国公民在法律面前一律平等。"《中华人民共和国劳动法》（以下简称《劳动法》）第十二条规定："劳动者就业，不因民族、种族、性别、宗教信仰不同而受歧视。劳动者就业，不因民族、种族、性别、宗教信仰不同而受歧视。妇女享有与男子平等就业的权利。在录用职工时，除国家规定的不适合妇女的工种或者岗位外，不得以性别为由拒绝录用妇女或者提高对妇女的录用标准。"

第二，取得劳动报酬的权利。同工同酬的确立防止了工资分配中的歧视行为，体现了按劳分配原则，最低工资标准的设立为劳动关系中的劳动报酬部分提供了一个法律依据，保障劳动者最低物质需求，多样化的工资形式为劳动者建立了合理的报酬体系，为劳动者其他权利的实现提供了物质保障。例如，我国《劳动合同法》第三十条规定："用人单位应当按照劳动合同约定和国家规定，向劳动者及时足额支付劳动报酬。用人单位拖欠或者未足额支付劳动报酬的，劳动者可以依法向当地人民法院申请支付令，人民法院应当依法发出支付令。"

第三，法律赋予劳动者休息和休假权。休息休假权是劳动者享受劳动的过程中，为了保护自己的身心健康、保证工作效率，有权依据法律规定享有一系列权利的总称。法律规定劳动者每周的最高工作时限和加班时限，防止劳动者长时间持续工作，同时考虑到劳动者因正当原因或特殊情况不得不加班的情形，用人单位应支付高于劳动者正常工作时间的劳动报酬作为对劳动者的补偿。劳动者的休息休假权不仅是法律赋予用人单位的强制性义务，更是人权原则的体现，让劳动者在较为健康与充满活力的状态下工作，防止雇主为获取更多利益压榨劳动者权利而激化矛盾。例如，我国《劳动法》第三十八条规定"用人单位应当保证劳动者每周至少休息一日。"第四十条规定："用人单位在下列节日期间应当依法安排劳动者休假：（一）元旦；（二）春节；（三）国际劳动节；（四）国庆节；（五）法律、法规规定的其他休假节日。"《劳动法》第四十四条规定："有下列情形之一的，用人单位应当按照下列标准支付高于劳动者正常工作时间工资的工资报酬：（一）安排劳动者延长工作时间的，支付不低于工资的百分之一百五十的工资报酬；（二）休息日安排劳动者工作又不能安排补休的，支付不低于工资的百分之二百的工资报酬；（三）法定休假日安排劳动者工作的，支付不低于工资的百分之三百的工资报酬。"

第四，享受社会保险和福利的权利。劳动者不仅是企业的雇员，更是企业的重要组成部分，是企业不可替代的财富。为了减少劳动领域中存在的风险，激励劳动者的工作热情，最有效的方法就是增强劳动者在福利待遇和社会保险的双重保障。我国《宪法》第四十五条第一款规定："中华人民共和国公民在年老、疾病或者丧失劳动能力的情况下，有从国家和社会获得物质帮助的权利。国家发展为公民享受这些权利所需要的社会保险、社会救济和医疗卫生事业。"《劳动法》第七十三条规定："劳动者在下列情形下，依法享受社会保险待遇：（一）退休；（二）患病、负伤；（三）因工伤残或者患职业病；（四）失业；（五）生育。劳动者死亡后，其遗属依法享受遗属津贴。劳动者享受社会保险待遇的条件和标准由法律、法规规定。劳动者享受的社会保险金必须按时足额支付。"

第五，和用人单位进行平等协商的权利。《劳动合同法》第四条规定："用人单位在制定、修改或者决定有关劳动报酬、工作时间、休息休假、劳动安全卫生、保险福利、职工培训、劳动纪律以及劳动定额管理等直接涉及劳动者切身利益的规章制度或者重大事项时，应当经职工代表大会或者全体职工讨论，提出方案和意见，与工会或者职工代表平等协商确定。在规章制度和重大事项决定实施过程中，工会或者职工认为不适当的，有权向用人单位提出，通过协商予以修改完善。"第六条规定："工会应当帮助、指导劳动者与用人单位依法订立和履行劳动合同，并与用人单位建立集体协商机制，维护劳动者的合法权益。"

第六，获得劳动安全卫生保护的权利。雇主还有责任向雇员提供安全的工作环境和安全的工作条件。例如，《劳动法》第五十二条规定："用人单位必须建立、健全劳动安全卫生制度，严格执行国家劳动安全卫生规程和标准，对劳动者进行劳动安全卫生教育，防止劳动过程中的事故，减少职业危害。"第五十四条规定："用人单位必须为劳动者提供符合国家规定的劳动安全卫生条件和必要的劳动防护用品，对从事有职业危害作业的劳动者应当定期进行健康检查。"

第七，参加和组织工会的权利。我国法律规定，参加和组织工会是劳动者的一项基本权利。《工会法》第三条明确规定："在中国境内的企业、事业单位、机关中以工资收入为主要生活来源的体力劳动者和脑力劳动者不分民族、种族、性别、职业、宗教信仰、教育程度，都有依法参加组织工会的权利。"《劳动法》第七条规定："劳动者有权依法参加和组织工会。工会代表和维护劳动者的合法权益，依法独立自主地开展活动。"

第八，接受职业技能培训的权利。《劳动法》第六十六条规定："国家通过各种途径，采取各种措施，发展职业培训事业，开发劳动者的职业技能，提高劳动者素质，增强劳动者的就业能力和工作能力。"第六十八条规定："用人单位应当建立职业培训制度，按照国家规定提取和使用职业培训经费，根据本单位实际，有计划地对劳动者进行职业培训。"

2. 非法律化的企业雇主责任和雇员权利

随着市场经济体制改革不断深入，知识逐渐取代自然资源、资本、机器，成为价值创造的核心要素，我国雇主和雇员关系伦理也随之不断作出新的改变，企业对员工的需求，不仅仅是体力的需求，更多是对脑力劳动的需求，雇主和雇员都基于自身利益对对方有着新的伦理诉求，而这些期望超出了法律层面的雇佣契约关系而上升为道德层面的伦理诉求，如雇员希望雇主对其尊重并抱有关心、爱心、信心等更高层次的道德责任。

从人文化的雇佣环境来看，体面劳动理念的提出为企业责任提供了价值指引。企业在关注员工基本权利的同时，应该更多地倾向提高员工的地位、待遇和满足感，以保障员工的尊严和福利待遇为核心，力求实现体面劳动。体面劳动是一个动态的过程和一个静态的结果，即要求劳动者在安全、自由、公平和具备人格尊严的条件下快乐地工作，为劳动者塑造一个人文化的工作环境，使劳动者能够在身体健康、身心愉快的劳动过程中实现法律规定的权利。

事实上，体面劳动是雇主和雇员关系伦理的具体要求和现实体现，其将雇主和雇员关系伦理中蕴含的雇主和雇员双方法律地位平等、雇佣领域中的公平正义、雇主和雇员关系和谐的价值观念和文化，以雇员权利的形式进行集中体现。非法律化的劳资伦理成为企业雇员责任范畴的重要补充，是促使企业履行更高层次道德责任的义务来源。主要包括以下几个方面：保障劳动者在工作过程中获得成长的机会、公平发展的机会；保障劳动者在劳动中体会到归属感、成就感及幸福感；努力满足劳动者文化及社交需求，增加雇员的精神文化活动场所，密切关注雇员的心理环境，建立人文化的工作环境。企业雇员责任的性质决定了其内涵的复合性，无论是否被法律化，我们应当牢牢把握企业雇员责任的本质属性，全面理解雇主和雇员关系伦理的内涵及特质，充分保护雇员在劳动过程中的权利，构建和谐雇佣关系。

（二）雇员对雇主的责任

雇员有责任向雇主履行合同中规定的责任；遵守目标、程序性规则和组织的工作计划；具备与工作和职位任务相匹配的能力；根据分配的任务发挥工作效率。其他责任包括守时、不旷工、在工作场所和完成工作任务时行为合法有道德、尊重雇主的知识产权和私人财产权等。当出现利益冲突时，也就是说当雇员的私人利益与雇主利益不统一或相竞争时，雇员对雇主的责任变得很复杂，但权利、责任和公正等伦理原则仍是决定对错、违反忠诚、保密或真实性和对雇主或雇员造成了伤害的基本出发点①。

二、雇用中的伦理问题

（一）就业歧视

在变化无常的经济衰退、并购、创业失败和行业内出现大规模亏损等情况下，要雇主找出正当理由解雇员工并非难事。作为一项原则，员工应该拥有三项保持自尊的工作权利：就业权、机会均等权、参与与工作有关的决策的权利。当明确存在其他形式的雇佣歧视时，如性别、残疾、种族、籍贯等歧视时，不正当理由的解聘就成为问题。公平就业始终是就业立法关注的焦点，就业歧视侵犯了劳动者的平等就业权，使个人尊严遭到了亵渎，也使众多求职者与工作失之交臂，造成了人才的极大浪费，而且对市场经济的健康发展也带来了很大的负面影响。

歧视是指雇员由于与工作要求不相关的原因，如性别、种族、宗教信仰，在招聘、升职、赔偿或解雇等方面遭到区别、不公平对待。就业歧视如同劳动力市场的一颗"毒瘤"，也是对法治精神的背离。它不仅侵害了求职者的平等就业权，而且在一定程度上破坏了劳动力市场的有效秩序。不管我们是否愿意承认，就业歧视目前在我国已成为一个不争的事实，2005 年 12 月中央电视台对就业歧视进行了一个

---

① 韦斯著，商业伦理：利益相关者分析与问题管理方法［M］. 北京：中国人民大学出版社，2005.

网上调查，结果显示74%的被调查者遭遇过就业歧视。

那么，是否分别对待均为"就业歧视"？歧视的存在基础是差别，是个人之间差别的存在。就业歧视就是一种因求职者个人之间的差别而进行的"分别看待"，然而事实上，并不是所有的分别对待都不合理，现实中的事物在客观上存在许多差异，因而也需要根据差异的情况采取差别对待，在一定方面和程度上，应当允许合理的分别对待。

用人单位根据职位的性质、需求及其他相关因素仍然可以限定招聘的条件，这是"合理差别"。一般说来，如果不是特定的行业，用人单位不得对求职者的自然属性如性别、年龄、身高、相貌、血型、属相、身体健康状况以及其他一些社会属性如户籍等因素进行限制，因为这些自然属性是个人不能选择的，也很难通过后天努力加以改变，对上述的这些自然属性及部分社会属性作出的种种限制则构成就业歧视，这种限制不为法律所容忍。

与此相对应，如果限制的是经过后天学习、训练而形成的社会属性，比如阅历、能力等，这种限制则不能构成就业歧视，应该理解为"合理差别"，这种合理差别应当为法律所容忍。此外，如果特殊行业有特殊需要，对应聘者的年龄、身高确有要求，应履行公示的原则，并将限制的合理性和必要性予以充分说明。工作场所中常见的歧视问题主要有以下几种。

1. 性别歧视

性别歧视包括职业歧视和工资歧视两种形式。职业歧视是指女性在同等条件下不能找到同等水平的职业，更多地被雇用在低于个人能力的工作岗位上；工资歧视是指女性与男性同样的工作，却不能享受同样的工资、福利以及职务晋升等方面的待遇。

性别歧视主要表现在两个方面：一是女性就业难，在同等条件下，女性不容易找到工作或是不容易找到满意的工作，即使她们的个人能力与男性相等，甚至高于男性，也不被录用。据调查，现在许多用人单位在招聘女性员工时往往带有附加条件，如身高、体重、户籍、婚姻、生育情况等，有些用人单位甚至要求女性就业者在开始工作的 5 年内不允许怀孕，给出的解释是生育子女会导致人员离岗，教育及对孩子的抚养会影响企业该岗位工作，为此增加用人单位实际成本支出。有些用人单位虽未在单位规章中明确列出，但一旦生育就可能导致离岗现象的出现，即使在岗也会在升职、加薪方面受到非常大的影响，这就使得用人单位中的女性员工不得不重新考虑家庭生育计划。如在黑龙江的人才市场的招聘会上，某些企业在有女性进行应聘时，明目张胆提出在 5 ~ 10 年内不可怀孕[①]。二是收入低，待遇差，在工作岗位上女性不能享受同工同酬的待遇，也没有同等晋升的机会等。以女大学生为例，2009 年"80 后"女大学生年均工作收入为 23304 元，与同类男大学生相比低 8207 元。专科毕业的"80 后"女大学生年均工作收入为 19480.5 元，与同类男大学生相比低 6281.4 元；本科及以上学历的"80 后"女大学生年均工作收入为 27229.6 元，与同类男大学生相比低 9390.1 元，性别差异较大[②]。

2. 年龄歧视

年龄歧视也是目前职场中较为多见的一种歧视。近年来，我国劳动年龄人口在下降的同时呈现出结构性变化，老化趋势日益明显，然而，职场对年长的员工并不友好，年龄已经成为雇佣中的一个常见标准[③]。有学者曾搜集了 30 万份招聘广告，发现招聘广告中提出的年

---

① 一些企业招聘时竟提出：女工 5 至 10 年内不准怀孕 [EB/OL]. (2003 - 08 - 20). https：//news. sina. com. cn/c/2003 - 08 - 20/1035600889s. shtml.

② 刘睿. 我国女性就业歧视问题的对策研究 [J]. 劳动保障世界，2018 (21)：14 - 15.

③ 刘晓倩. 雇主策略视角下的工作场所年龄歧视：基于年龄原因"被离职"判例的分析 [J]. 中国人力资源开发，2022，39 (3)：16.

龄普遍要求 35 岁以下，40 岁以上会明显受到单位的排斥①。"35 岁现象"也是近年来网络热议的话题，35 岁也被称为职场"生死线"，以此形容劳动者在 35 岁左右所面临的职业发展问题或被解雇的风险。

就人的年龄问题本身来看，似乎没有什么平等的可能。与民族和性别不同，年龄并不是一个社会构造的产物，而是人的生老病死自然过程的表现。法律应当规定不分性别、不分民族都有劳动的义务，但不能强制不同年龄段的人都进行同样的劳作，因为这是法律无法抹去的自然差别。法律无意亦无力解决自然意义上的差别，法律上的平等也从来不是针对这种差别。只有当这些自然意义上的差别进入社会领域，才有可能成为宪法和法律所规制的对象。法律不能使人返老还童，但它可以规定不同年龄段的人进入工作场所之中所应享有的权利和义务。正是在这个意义上，谈论就业领域的年龄平等问题才有意义。

值得注意的是，年龄区分和年龄歧视是不同的两个概念。年龄区分是一种正当的法律区分，如《宪法》规定年满十八周岁的中国公民才有资格参与选举和被选举一样，很多年龄上的区分是一种技术或资格区分，并不产生对平等原则的道德诉求，因此无须法律强行设置平等条款。换句话说，年龄区分并不等同于年龄歧视，有些就业岗位设置年龄标准并没有违反平等原则，甚至可能与法律上的平等原则毫无关系。因此，仔细甄别在就业领域内年龄标准设定的合法性显得异常重要②。

3. 户籍歧视

户籍制度是我国特有的人口管理制度，从 1958 年《中华人民共

---

① 周伟. 我国就业中年龄歧视的实证研究——以 1995～2005 年上海和成都两市 30 万份招聘广告为例［J］. 政法论丛，2007（3）：9

② 金镅. 年龄区分与年龄歧视：就业领域中的平等原则［J］. 学海，2018（2）：184－190.

和国户口登记条例》户籍制度确立到现在，户籍制度的整个演变过程大概经历了严格控制、松动管制以及全面改革三个阶段。虽然户籍制度正在不断改革和完善，但是其对劳动力市场的影响仍然存在。户籍歧视主要是指一些大城市针对外地求职或就业人员所采取的一些不公平的政策。目前最常发生的户籍歧视情况是在工资收入、就业机会以及社会保障方面。

当劳动力大规模从农村向城市的转移已经发生，而分割城乡劳动力市场的户籍制度尚未彻底改革时，作为劳动力市场上的后来者，在城市劳动力市场上就面临着双重的歧视，即在岗位获得上受到"进入"歧视，在工资决定上同工不同酬[①]。有学者利用上海市的微观调查数据研究发现，城市居民和流动人口之间存在着较大的职业分割和工资收入差异。他们的分解分析表明，城市居民和流动人口收入差异的 50.82% 是流动人口所受的歧视所致[②]。还有学者利用 2003 年和 2004 年浙江省企业调查和农村劳动力流动调查数据，探讨了城乡工人在劳资关系各方面的巨大差异。研究发现，除了在劳动合同签订上外，农民工在养老保险、医疗保险、失业保险以及工会参与等方面均存在户籍歧视，歧视程度在 20% ~ 30% 之间[③]。

4. 健康歧视

健康歧视是指如果在劳动者的健康状况既不危害公共卫生安全，也足以胜任工作的条件下，用人单位依然以其健康问题为由对其就业予以不利限制，则属于健康歧视行为。

---

① 王美艳. 城市劳动力市场上的就业机会与工资差异——外来劳动力就业与报酬研究 [J]. 中国社会科学, 2005 (5): 36 - 46.

② Meng X, Zhang J. The Two - Tier Labor Market in Urban China: Occupational Segregation and Wage Differentials between Urban Residents and Rural Migrants in Shanghai [J]. Journal of Comparative Economics, 2001, 29 (3): 485 - 504.

③ 姚先国, 赖普清. 中国劳资关系的城乡户籍差异 [J]. 经济研究, 2004 (7): 9.

除以上几种情况之外，血型歧视、姓氏歧视、相貌歧视等也是就业歧视的表现，同样对人才和单位都有很大的危害。一个社会的文明，不是体现在让强者有更多的机会，而在于让弱者能够体面地生活。被歧视者往往是某方面处于弱势地位的群体，反对就业歧视恰是解决让弱者能够公平就业，实现体面劳动的制度设计。

反对就业歧视也是市场配置劳动力资源的要求。需要消除的误解是，认为反对就业歧视并不是反对市场选择，实际上，用人单位不招用特定人并不就是就业歧视。就业歧视是用一个和岗位和工作需要没有关联的抽象标准，排除特定群体参与就业竞争的机会或给其他群体以优惠。例如，因应聘者是某某地方的人而不让其参与就业竞争，不论其多优秀都不招用，这才是构成就业歧视的根本原因。所以，就业歧视行为恰好是不按能力、不按市场竞争的法则进行人力资源选择的现象，是一种反市场的现象。反对就业歧视是对反市场行为的再纠正。

（二）辞退雇员中的伦理问题

1. 企业辞退员工的类型

（1）过失性辞退。过失性辞退是指企业在劳动者有过错的情况下，无须提前 30 天通知，而即刻辞退职工的行为。过失性辞退主要有以下情形：一是在试用期间被证明不符合录用条件的；二是严重违反劳动纪律或者用人单位规章制度的；三是严重失职，营私舞弊，对用人单位造成重大损害的；四是被依法追究刑事责任的。

（2）预告性辞退。预告性辞退是指企业在辞退职工时，按照法律的规定提前 30 天通知职工或支付代替通知金的方式辞退职工的行为。主要有以下情形：第一，劳动者患病或非因工负伤，医疗期满后，不能从事原工作也不能从事单位另行安排的工作；第二，劳动者不能胜任工作，经过培训或者调整工作岗位，仍不能胜任工作；第三，劳动合同订立时所依据的客观情况发生重大变化，致使劳动合同无法履行，经双方协商不能就变更劳动合同达成协议的。

2. 辞退员工中的伦理问题

劳动者一旦和企业签订劳动合同就受《劳动法》所保护，企业不得随意辞退员工。然而在企业人力资源管理过程中，企业以各种"奇葩"理由辞退员工的现实案例却数不胜数。企业辞退员工的过程中的伦理问题主要可以分为以下几种：

（1）试用期辞退。在试用期辞退员工通常需满足四个条件：第一，公司存在试用期录用的条件；第二，公司有证据能够证明员工不符合录用条件；第三，公司解除劳动合同的时候，应当在员工还处于试用期的期间发出通知；第四，公司需要在解除通知书内说明理由并交由员工签收。然而现如今，许多公司经常在缺乏事实依据的情况下以"试用期不符合录用条件"为由，随意辞退处于试用期的员工。此种情形属于公司违法解除劳动合同，需支付员工二倍经济补偿金。

（2）违纪辞退。"员工严重违纪"是企业辞退员工的常见事由，但近年来，许多企业的规章制度却越来越丧失人性化，甚至将严苛的规章制度作为辞退员工的工具。企业的规章制度需具备以下条件：一是与国家人力资源相关的管理制度、企业员工手册的相应规定相符，规章制度的内容不得违反法律、行政法规以及政策规定；二是具体某一项制度的内容要完整，比如说制定奖惩适用的范围、主要方式、审批程序等，在执行时所依据的条款规定要具有可操作性，不能有歧义导致不同的人有不同的理解；三是规章制度要体现人性化管理内涵，企业在设计规章制度时要处处体现以人为本的思想，企业制定规章制度是为了更好地管理员工，因此规章制度需以人为本，遵守法律与社会伦理道德。若企业以不合理的规章制度辞退员工，企业就侵犯了员工的合法权益，属于非法解除劳动合同。

（3）"末位淘汰"与"不能胜任"。《劳动合同法》规定，劳动

［专栏 5-1］
上海一员工为
父奔丧被辞退

者不能胜任工作，经过培训或者调整工作岗位，仍不能胜任工作的，用人单位提前三十日以书面形式通知劳动者或者额外支付劳动者一个月工资后，可以解除劳动合同。本法条赋予了用人单位对"不能胜任工作员工"的法定解除权。实践操作中，很多企业将"末位淘汰"与"不胜任工作下法定解除"画等号，认为员工只要经过考核被排在末尾就当然属于"不胜任工作"。事实上，这是对法律的一个重大误解——排在末尾并不等于不胜任工作。劳动者业绩居于末位，可能是其不胜任工作，也可能是其能够胜任工作，却因各种因素仍在考核中居于末位。用人单位必须正确界定"末位"的内涵，将"不能胜任工作而处于末位"和"能胜任工作却处于末位"两种情形区分开来。

如果遭遇了末位淘汰，劳动者应该如何维护自己的权利呢？在维权中，我们必须谨记，在单位绩效考核中处于末位并不等于不胜任工作。即使是在企业规章制度里还是劳动合同中，用人单位规定或者与劳动者约定了末位淘汰，那也是违法的，对企业和职工都不具有约束力。当用人单位以劳动者考核末位、主张其不胜任工作时，劳动者可以要求用人单位提供不胜任工作的证据。即使考核居于末位的劳动者确实属于不能胜任工作，用人单位也无权直接解除合同，而应当对劳动者进行培训或调整工作岗位。只有在劳动者在转岗或培训后，第二次被证明不能胜任工作的情况下，用人单位才能提前三十日以书面形式通知劳动者本人或者额外支付劳动者一个月工资后解除劳动合同，同时要按照《劳动合同法》的规定支付补偿金。

综上可得，公司在辞退员工时务必注意合法性问题，即辞退员工时一定要保证证据确凿、依据充分、程序合法，不得随意辞退员工，侵犯其合法权益。只有做到事实依据确凿、制度依据合法有效、程序符合规范要求，公司辞退违纪员工才能确保尽量减少劳动争议纠纷，避免承担违法解除劳动合同的赔偿责任。

[专栏 5-2]
A 公司裁员事件

三、工作场所中的伦理问题

（一）工作场所的隐私权

什么构成隐私、怎样才是侵犯隐私，法律上并没有明确的界定，但是当发生在自己身上时，似乎每个人都有自己的看法。绝大多数专家认为，隐私意味着保持自己的事情只有自己知道的权利，并且有权利知道自己的信息是怎样被利用的。在更宽泛的定义中，隐私包括：（1）不被管的权利；（2）相关的自主权；（3）个人和团体有权决定自己什么时候，以什么方式，在多大的范围内，有关他们的信息可以告知给其他人。然而以这种方式界定隐私并不能解决问题。在今天的世界中，要实现这样的一种思想是非常困难的，并且在审判确定是有关自己的隐私还是其他人的权力时，需要很多的调查。在我们生活的科技化、智能化的世界中，这个问题就更加复杂了。

任何人的人格尊严在任何时候、任何地点都应得到尊重与维护。雇员在工作时间、工作场所的人格尊严当然也不例外。这在公民自我保护意识日益增强的今天，已成为共识并深入人心。在全社会倡导保护公民人格尊严的这一舆论背景之下，近年来有关侵害人格权的纠纷日渐增多。由于此类纠纷往往涉及人格尊严这一敏感因素，因而，一经发生总会引起媒体、公众及法律职业者的广泛关注。

1. 雇主对雇员个人信息的收集与利用

劳动者个人信息指与劳动者相关联、反映劳动者特征的具有可识别性的符号系统，包括劳动者个人身份、家庭、财产、工作经验、健康状况等。劳动者的个人信息有两种分类：第一种分为个人基本信息和家庭成员信息。前者包括姓名、年龄、学习经历、从业经历、健康状况；后者指在涉及国家安全秘密或军事秘密的用人单位需要对劳动者全面的认识，包括其家庭背景、出身环境等，此种情形下劳动者有如实说明义务，以实现用人单位的知情权①。

第二种分为敏感的个人信息和非敏感的个人信息。前者指具有隐私性质的个人信息，后者为不具有隐私性质的个人信息。二者不仅是信息本质属性上不同，在受保护的强度和受保护的程序上也有所区别。劳动者的个人信息不全为隐私信息，个人信息具有一定程度的私密性，很多个人信息都是人们不愿对外公布的私人信息，是个人不愿他人介入的私人空间，不论其是否具有经济价值，都体现了一种人格利益②。

劳动者的个人信息有其特殊性，即作为用人单位管理之下的员工，具有经济从属性和人格从属性，有些个人信息必须公开给用人单位，也就是应满足用人单位的知情权，有些个人信息无须向用人单位说明。作为用人单位聘用的司机有肇事经历有必要将该信息告知用人单位，作为用人单位聘用的办公室文秘人员有交通肇事经历的其无须将该信息告知用人单位。上述交通肇事经历因为不同情形和环境下，其敏感度不同，对于司机而言为非敏感信息，对于文秘人员为敏感信息。因此劳动者的个人信息是否是敏感的，是否处理这些资料容易侵犯劳动者隐私的，不具有绝对性。可见，判断某一信息是否属于敏感资料，不仅需要考察该信息是否属于法定的私人信息，还要结合信息处理的个案的具体情况。敏感性不是与生俱来的，任何资料根据资料处理的目的或具体情形都可以具有一定的敏感性③。

因此，我国劳动者个人信息隐私权指的是个人信息中具有敏感性

① 胡艳丽. 劳动关系中劳动者隐私权的法律保护 [D]. 苏州：苏州大学，2011.
② 张新宝. 信息技术的发展与隐私权保护 [J]. 法制与社会发展，1996（5）：33.
③ 孔令杰. 个人资料隐私的法律保护 [M]. 武汉：武汉大学出版社，2008，1.

质的信息不被用人单位询问、搜集、利用以及公开的权利。认定信息是否具有敏感性质有赖于我国劳动法律的进一步明确规定，以及实践中和司法中对于信息所处环境的合理合法判断。一些企业在收集和利用雇员的个人信息时，并不是仅仅只收集那些绝对必要的雇员信息，也没有以适当的方式加以利用，而是滥用。把雇员的信息作为一种商品去交换、出售或市场上公开，即未经雇员同意或授权，把雇员信息公开给第三方。关于雇员无法接触公司的人事档案或其他记录中他们信息的问题，雇员无法知道他们的信息正在被存储，而且他们没有机会去修改或改正不准确的信息。实践中常出现的，用人单位到校园里或者人才市场进行招聘活动，收集了大量的应聘简历，进行筛选后将不被看中的简历随意扔弃，而简历中求职者的个人信息可能被他人非法收集使用，进而损害了求职者个人信息隐私权的正当权益。

[专栏5-3]
"扒"隐私式
面试要不得

2. 测谎器和心理测试

测谎器的理论依据是说谎会引起紧张，人的血压、呼吸和汗水均会发生变化，检查者或者仪器操纵者可以通过观察这些生理变化，并根据测试对象对特定问题的回答来推断测试对象的答案是否有欺骗。一些企业喜欢采用此类测试来防止和检测工作场所的犯罪行为，但是测谎器和心理测试是有缺陷的，这些测试在某种程度上是可以被操作者操控和影响的；测试可能还包括不相关的问题（如属于性别、生活类型、信仰和个人私生活习惯等），这就侵犯了个人隐私。

3. 利用电子仪器对雇员工作和交谈进行监控

虽然雇主对雇员进行与工作有关的监控在很多时候是合法的也是必需的，但在工作场所进行电子监控，雇员的隐私权势必在一定程度上受到侵害。通常，工作场所的电子监控有以下几种形式。

（1）电子邮件与语音邮件。如果一套电子邮件系统被公司应用，雇主拥有系统并有权查阅其中的内容。公司内部，以及由计算机终端发往其他公司或从外部接收的电子函件都在雇主的监控范围内。语音邮件系统也是同样。虽然公司电子邮件系统有私人信件的选项，但在大多数情况下，它并不确保信件的隐秘性。除非雇主发表书面的声明告知雇员标有私人信件的信息具有机密性。

（2）计算机监控。计算机监控有以下几种形式：第一，雇主应用网络管理程序监视并存储雇员计算机终端屏幕或硬盘上的信息；第二，有些程序软件可使计算机网络系统管理员调阅用户子目录中的文档。有些则在指定时间段里，拍下电脑显示屏上的快照；第三，一些新的搜索密探程序可以过滤电子邮件，阻止与工作无关的即时信息进入办公电脑，雇员试图访问的所有网站，都可能被拦截并记录在案。

（3）电话监控。电话监控内容包括检查时间、目的地、通话时间等。有些雇主希望通过电话监控减少乱打个人长途电话以及其他收费昂贵的电话的现象。还有些雇主甚至旁听员工之间或员工与外界联系的电话①。

（二）企业工作场所劳动安全健康保障

［专栏 5 –4］
"用坐垫监视
员工" 的奇葩
管理何时休

目前，我国工作场所中的劳动安全健康问题主要体现在某些工作的物理环境恶劣，工作时间过长，压力过大等方面。有些企业的工作环境差，严重影响了员工的身心健康。具体体现在：有些企业的作业现场，噪声超过了有关职业病防治法规中规定的 85 分贝的界限，使工人们长期受到噪声的刺激发生听觉病变；有些企业的生产环境中，照明线过强，会使人头晕目眩、精神烦乱，而光线太弱，会降低视力，使人视觉神经疲劳导致头脑反应迟钝；有些企业的工作环境中空气污染严重，生产性粉尘、有毒气体等造成呼吸道疾病，严重影响员

---

① 刘爱军，钟尉．商业伦理学［M］．北京：机械工业出版社，2016.

工身体健康；有些企业的工作环境中空气湿度过大，容易使人产生胸闷或窒息感，且过高的湿度会减小人的电阻率，增大触电的可能性，对安全生产极为不利；有些企业的作业现场杂乱无章，会直接通过视觉神经刺激神经中枢，使人的思维受到干扰，操作中会常常出现意外。

根据前国家安全生产监督管理总局发布的《关于 2014 年职业病防治工作情况的通报》中的数据显示：2014 年全国共报告职业病29972 例。集中度高的第一类职业病是职业性尘肺病，共计 26873例，其病例数占全年职业病总例数的 89.66%；第二类职业病是职业中毒，共计 1281 例；第三类职业病是职业性肿瘤，共计 119 例；第四类职业病是职业性放射性疾病，共计 25 例；第五类职业病是职业性耳鼻喉口腔疾病等职业病，共计 1632 例。从行业分布看，煤炭开采和洗选业、有色金属矿采选业和开采辅助活动行业的职业病病例数较多，共占全国报告职业病例数的 62.52%。透过以上数据可见，当前我国职业病集中爆发的行业仍集中在煤炭开采、有色金属开采等传统高危行业。在这些行业内聚集了大量广泛使用农民工的私营企业，是我国劳动安全卫生保障工作的重点对象①。

有些企业随意延长劳动时间，提高劳动强度，随意加班加点，对员工采取"杀鸡取卵"的态度，对企业人力资源进行掠夺式的开发，员工长时间高负荷地工作，承受巨大的工作压力，严重损害了员工的身心健康，有些员工甚至过度劳累而死，引发了人道主义悲剧。

（三）职场性骚扰

性骚扰一词最早是在美国妇女运动中所创造出来的，由美国著名

[专栏 5 - 5]
从"十三连跳"
到"开胸验肺"

① 关于 2014 年职业病防治工作情况的通报［EB/OL］（2015 - 12 - 03）［2016 - 01 - 16］. http：//www. Chinasafety. gov. cn/newpage/Contents/Channel5330/2015/1203/261517/content261517. htm.

女性主义者凯瑟琳·麦金农（Catharine Mckrnnon）提出，她认为："从广义的角度而言，性骚扰是指处于权力不平等关系下强加的讨厌的性要求，其中包括言语的性暗示或戏弄，不断送秋波或做媚眼，强行接吻，用使雇工失去工作的威胁作后盾，提出下流的要求并强迫发生性关系等。"①

　　性骚扰指以带性暗示的言语或动作针对被骚扰对象，强迫受害者配合，使对方感到不悦。职场性骚扰一般是指劳动者在工作场所（包括招聘阶段），违反对方意志，以动作、语言、图文等方式表达的具有性意味的民事侵权行为。在职业场所中，由于上下级的地位、权力的不对等，下级很容易受到来自上级的性骚扰。大体可以分为非身体形式和身体形式两种，但是相比于公共场所性骚扰，职业场所性骚扰的受害者由于自身处于权力更弱的一方，因此更难以发声维护自己的权利。受害者拒绝上级的骚扰行为可能会影响其职业发展，而服从这种行为会使其对工作环境产生反感，影响其工作表现。

　　根据行为方式划分，职场中的性骚扰主要存在以下三种类型：（1）言语性骚扰。言语性骚扰是指任何人当面讲让受害者感到尴尬或不舒服的关于性的言论，如当面或当众讲黄色笑话或者用污秽的言语对受害者评头论足。主要特点是比较露骨的性指向，甚至赤裸裸地直接表明性要求，这与在尊重对方人格基础上的文明的爱慕表白和求爱、求婚显然不同。（2）行为性骚扰。行为性骚扰一般指做出令受害者感到不适的低俗下流的动作，对受害者动手动脚，触摸受害者的身体敏感部位等。（3）环境性骚扰。环境性骚扰指的是通过布置环境给受害者以不适和被侵犯的方式，比如摆放性刺激图片、淫秽书刊物品，播放淫秽音像制品等。

　　2005 年，性骚扰首次被纳入法律之中，《妇女权益保障法》明确

---

　　① Taub, N. Sexual Harassment of Working Women：A Case of Sex Discrimination ［J］. Columbia Law Review, 1981, 80（8）：1686.

指出，禁止对妇女实施性骚扰。受害妇女有权向单位和有关机关投诉。同时，该法也确定了单位有受理此类事件的申诉、控告、检举的义务，如怠于处理或打压报复，单位直接负责的主管人员和其他直接责任人员将依法受到行政处分。《女职工劳动保护特别规定》提出，在劳动场所，用人单位应当预防和制止对女职工的性骚扰。

在我国《民法典》第一千零一十条规定："违背他人意愿，以言语、文字、图像、肢体行为等方式对他人实施性骚扰的，受害人有权依法请求行为人承担民事责任。机关、企业、学校等单位应当采取合理的预防、受理投诉、调查处置等措施，防止和制止利用职权、从属关系等实施性骚扰。"此条规定不仅明确了"性骚扰"的行为概念，也强调了用人单位的义务，加强了用人单位需对职场性骚扰进行预防和及时处置的责任。员工在公司工作，公司有义务提供一个舒适、安全的工作环境。

（四）企业关闭和员工权利

[专栏5-6]
熊某某诉某屋面系统有限公司劳动争议纠纷案

公司有权将企业重新搬迁、转移到任何公司选定的地方。如果公司能找到劳动力价格、原材料价格和运输成本更便宜，税收更低或者更具有商业优势的地方时，公司常常会关闭企业，将企业搬迁到新地方。公司也可能因为失去竞争力、财务损失或其他合法的经济原因关闭企业。企业关闭时决策者将面临很多伦理问题，其中一个极具挑战的就是裁员问题。裁员决定本身就增加了企业的道德困境。那么，一旦作出这个决定，在执行裁员的过程中，有哪些方式使组织能够在执行时显得较为道德吗？

从法律的视角来看，在减员过程中谁将被裁员的计划要慎重制定，而且明确被裁减的员工有哪些权利也非常重要。首先，关闭停业，员工有权要求获得经济补偿。《劳动合同法》第四十四条第五项规定，用人单位被吊销营业执照、责令关闭、撤销或者用人单位决定

提前解散的，劳动合同终止。但是，《劳动合同法》第四十六条第
（六）项、第四十七条还指出，劳动合同终止后，用人单位应当支付
经济补偿。经济补偿按劳动者在本单位工作的年限，每满一年支付一
个月工资的标准向劳动者支付。六个月以上不满一年的，按一年计
算；不满六个月的，向劳动者支付半个月工资的经济补偿。劳动者月
工资高于用人单位所在直辖市、设区的市级人民政府公布的本地区
上年度职工月平均工资三倍的，向其支付经济补偿的标准按职工月
平均工资三倍的数额支付，向其支付经济补偿的年限最高不超过十
二年。

其次，企业破产，员工有权要求优先清偿工资。《企业破产法》
第六条规定："人民法院审理破产案件，应当依法保障企业职工的合
法权益。"《企业破产法》第一百一十三条进一步明确："破产财产在
优先清偿破产费用和共益债务后，依照下列顺序清偿：（一）破产人
所欠职工的工资和医疗、伤残补助、抚恤费用，所欠的应当划入职
工个人账户的基本养老保险、基本医疗保险费用，以及法律、行政
法规规定应当支付给职工的补偿金；（二）破产人欠缴的除前项规
定以外的社会保险费用和破产人所欠税款；（三）普通破产债权。
破产财产不足以清偿同一顺序的清偿要求的，按照比例分配。破产
企业的董事、监事和高级管理人员的工资按照该企业职工的平均工
资计算。"

再次，合并分立，员工有权要求继续履行劳动合同。《劳动合同
法》第三十三条、第三十四条分别规定："用人单位变更名称、法定
代表人、主要负责人或者投资人等事项，不影响劳动合同的履行。"
"用人单位发生合并或者分立等情况，原劳动合同继续有效，劳动合
同由承继其权利和义务的用人单位继续履行。"同时，《劳动合同法
实施条例》第十条规定："劳动者非因本人原因从原用人单位被安排
到新用人单位工作的，劳动者在原用人单位的工作年限合并计算为新
用人单位的工作年限。原用人单位已经向劳动者支付经济补偿的，新

用人单位在依法解除、终止劳动合同计算支付经济补偿的工作年限时，不再计算劳动者在原用人单位的工作年限。"也就是说，用人单位的合并、分立，不影响员工工龄的计算。

最后，企业转产，遭遇裁员有权要求区别对待。对于企业因转产导致人员需要的变化，用人单位可以依据《劳动合同法》第四十一条第（三）项之规定进行裁员，但是，下列人员应当优先留用：与本单位订立较长期限的固定期限劳动合同的；与本单位订立无固定期限劳动合同的；家庭无其他就业人员，有需要抚养的老人或者未成年人的。

同时，《劳动合同法》第四十二条规定下列人员不得被裁员："从事接触职业病危害作业的劳动者未进行离岗前职业健康检查，或者疑似职业病病人在诊断或者医学观察期间的；在本单位患职业病或者因工负伤并被确认丧失或者部分丧失劳动能力的；患病或者非因工负伤，在规定的医疗期内的；女职工在孕期、产期、哺乳期的；在本单位连续工作满十五年，且距法定退休年龄不足五年的；法律、行政法规规定的其他情形。"

除了要符合法律的相关规定之外，管理者在执行裁员时首先要收集事实和确定问题，因为员工应该了解企业运营情况，而裁员并不应该让员工感到意外。首先，在一个公司决定裁员的时候就应该告诉员工这个意图，并在裁员名单出来时候就应该让会受影响的员工们知道谁将要离开。其次，考虑到所有利益相关者的利益，向他们列举出任何与裁员相关的选择方案，并且将每种选择对于每一组利益相关者的影响列出目录是必不可少的。最后，当一个公司决定裁员或是其他终止行为，那么应尽量减少其影响和让被解雇员工有尊严地离开。保持诚实直率，并能与那些受到影响的人感同身受是极为重要的。

思考与实践

1. 何为就业歧视，有哪些方面的危害？

2. 从权利和义务的角度看，你认为员工应该如何为企业负责？

对雇主忠诚现在是不是一个"过时的"或"正在过时的"概念呢？为什么？

3. 从本章中选择一项员工权利。根据你自己在外面看到的或经历的事情，举出一个涉及这种权利的事例。它侵权了吗？怎样侵权的？结果是什么？结果应该怎样？为什么？

4. 雇主为避免武断地解聘员工应该考虑哪些主要因素？

知识应用

知识应用5

市场营销中的伦理问题

学习目标

1. 掌握产品中的伦理问题
2. 掌握定价中的伦理问题
3. 掌握促销中的伦理问题
4. 掌握市场营销活动中伦理问题的治理对策

引导案例

王某某和邢某是一对年轻的夫妇，2001年5月，邢某某为1岁多一点的儿子小超从青岛市某超市购买了某公司生产的乐口佳牌果冻。当小王超食用果冻时，因果冻卡住了喉咙窒息而死。巨大的丧子之痛使王某某将该超市和生产企业告上了法庭。理由是：据有关专家认为，果冻对于3岁以下的儿童具有较大的危险性，而生产企业在产品包装上对这一点并未加以说明，既没有必要的警示标志，也没有中文警示说明。最终，青岛中级人民法院判决该公司对小超的死负有责任，并判决该公司给予王家经济赔偿。但该公司对此却有不同看法，因为根据GB7718号规定，产品外包装应该标明产品的名称、厂名、厂址、规格、数量、出厂日期，而对警示标志或者中文说明没有明文规定和要求。因此认为，他们生产的产品完全符合规定，没有任何过错。

资料来源：王健. 产品设计中的伦理责任——由一起果冻伤害案引发的思考 [J]. 东北大学学报（社会科学版），2002，4（3）：163 - 165.

思考：厂商增加警示标志是否就算是尽到责任了？企业在营销活动中主要存在哪些重要的伦理维度？

公司伦理和社会责任已经成为几乎所有企业的热点话题。市场营销者正重新审视他们与社会价值和责任、我们赖以生存的地球的关系。今天的市场营销者被要求开展可持续营销。所有公司行为都可能影响客户关系。如今的顾客希望企业以具有社会和环境责任的方式递送价值。为了更好地理解这一话题，本章将从市场营销概念入手，继而对企业营销活动中存在的伦理问题展开探讨，为企业如何在营销活动中更好地遵守商业伦理提供一定的借鉴。

一、市场营销概述

优秀的市场营销对每一个组织的成功都是至关重要的。例如，华为、胖东来、宝洁、海底捞等。你对市场营销一定也不陌生。在电视屏幕、手机应用、大街小巷的广告牌、公交车车身广告中，你都可以看到市场营销。

什么是市场营销呢？市场营销包含的活动和观念很广泛，不同人和组织给出的定义也不尽相同。美国市场营销协会于 2008 年公布了市场营销的定义：市场营销是活动、一系列制度，以及创造、沟通、配送和交换对顾客、客户、伙伴和社会有价值的供给物的过程。这一定义的核心，即再次强调利益交换的要义，在于价值、过程和顾客关系。菲利普·科特勒（Philip Kotler）下的定义强调了营销的价值导向：市场营销是个人和集体通过创造产品和价值，并同别人自由交换产品和价值，来获得其所需所欲之物的一种社会和管理过程。格隆罗斯

（Groaroos）的定义强调了营销的目的：所谓市场营销，就是在变化的市场环境中，旨在满足消费需要、实现企业目标的商务活动过程，包括市场调研、选择目标市场、产品开发、产品促销等一系列与市场有关的企业业务经营活动。美国学者基恩·凯洛斯（Kean Kellogg）将各种市场营销定义分为三类：一是将市场营销看作一种为消费者服务的理论；二是强调市场营销是对社会现象的一种认识；三是认为市场营销是通过销售渠道把生产企业同市场联系起来的过程。这从一个侧面反映了市场营销的复杂性。因此，现代营销是以实现企业和利益相关者等各方的利益为目的，对顾客价值进行识别、创造、传递、传播和监督，并将客户关系的维系和管理融入各项工作之中的社会管理过程。

产品。在努力建立顾客关系时，营销人员必须创造和管理与顾客相联系的产品和品牌。产品是向市场提供的，引起注意、获取、使用或消费，以满足欲望或需要的任何东西。开发一个产品或服务首先涉及如何定义它所提供的利益。这些利益往往通过如质量、设计、包装、标签、产品支持服务等来沟通和传达。

价格是为产品或服务收取的货币总额。广义上说，价格是顾客为获得、拥有或使用某种产品或服务的利益而支付的价值。价格一直是影响购买决策的重要因素。与产品特征和渠道投入不同，公司可以迅速改变价格，但是制定合适的价格却是重要且棘手的问题。

渠道。公司很少独自为顾客创造价值并建立有价值的顾客关系。大多数公司都只是更庞大的供应链和营销渠道中的一个环节。供应链包括"上游"和"下游"合作者。企业的上游合作者是指那些为生产产品或服务供应所需原材料、零部件、信息、资金和专业技术的企业。下游营销渠道伙伴，如批发商和零售商，在生产企业与其顾客之间形成了至关重要的联系纽带。

促销。促销实质上是一种沟通活动，即营销者发出作为刺激物的各种信息，把信息传递到一个或更多的目标对象，以影响其态度和行为。它包括广告、人员销售、销售促进与公共关系等。

二、市场营销中的伦理问题

（一）产品中的伦理问题

1. 产品设计

在开篇案例中，法院追究的是果冻生产公司事后的法律责任。应该说，法律对"事后"责任的追究是十分有效的，它惩戒了责任者，警示了相关者，"事后"法律责任的追究对责任者及其相关者来说都是必要的、意义重大的。但对受害者来说，事后责任追究得再彻底，也改变不了悲剧的结果，生命对于一个人来讲，毕竟仅有一次。逝去的生命促使我们做更深一层次的思考。难道我们只能停留在对"事后"法律责任的追究上吗？难道我们不能采取更积极的措施，在"事前"做一些有益的工作，防止悲剧的发生。从技术的设计和创新阶段开始，将伦理因素作为一种直接的重要的影响因子加以考量，进而使道德伦理制约成为产品设计的内在维度之一。例如，上面的案例中，如果设计者能设计出警示标志，或是设计出适合于 3 岁以下儿童食用的果冻，小超可能就能免于厄运。

那么产品设计过程中可能会产生以下伦理问题：第一，危及消费者生命、财产安全。安全需要是人的基本需要，产品设计的目的是为消费者提供满足其需要的产品，因此，维护消费者生命财产安全是产品设计者的基本伦理责任。从上面的案例中我们看到，尽管在事情发生之前，许多专家已经提醒果冻对于 3 岁以下的儿童很危险，但由于设计者没有较强的尊重人的生命权、健康权的道德责任，只顾产品利润，轻视产品安全，导致惨剧发生。

第二，缺乏对于潜在危险的警示。消费者对购买的产品具有知情权，但由于现代技术产品的专业性较强，对产品的潜在危险及相关的副作用，只有产品的设计者和少数专业工作者比较了解，而一般的消费者却很难知晓，在前面的案例中，产品的设计者恰恰是没有说明产品使用的潜在危险而导致果冻致死事件的发生。因此，设计者有责任向消费者说明产品的潜在危险和可能的负面影响。

第三，缺乏人文关怀，减少技术异化。现代技术产品带给人的最大伤害就是技术异化，面对着日渐增多的"电视眼""电脑脸""网络综合征"（IAD），面对着种种人被物役、人被异化的现象，产品的设计者有责任在产品设计中将技术理性和人文理性结合起来，自觉设计出充满人文关怀的技术产品。

第四，缺乏将环境因素纳入产品设计中。产品设计大多是针对一定的消费群体的需求，作为产品的设计者，一方面必须满足欲购买其产品的消费者的需求，这是其获得利润的基本保证；另一方面还必须满足社会需求。消费者的需求同社会需求大多数的时候是统一的，但冲突也时有发生，有时，你的产品满足了一部分人的需要，却会给整个社会的生态环境造成破坏。例如，汽车满足了购车者的出行方便的需求，却给大气带来了污染；手机满足了手机购买者通讯方便的需求，却给周围空间带来了电磁辐射；空调满足了消费者纳凉的需求，却加重了温室效应。因此，产品的设计者除了要满足消费者的需求，同时也要注意满足社会需求，对保护生态环境负有伦理上的责任。目前普遍倡导的绿色设计，就是在这方面的有益尝试。所谓的绿色设计主要指在产品设计中，充分考虑对资源、环境的影响，在充分考虑产品的性能、质量、开发周期和成本的同时，优化各有关设计因素，使得产品及其制造过程对环境的总体危害最小①。

---

① 王健. 产品设计中的伦理责任—由一起"果冻"伤害案引发的思考［J］. 东北大学学报（社会科学版），2002，4（3）：163－165.

2. 产品包装

包装为在流通过程中保护产品、方便储运、促进销售，按一定的技术方法所用的容器、材料和辅助物等的总体名称；也指为达到上述目的在采用容器、材料和辅助物的过程中施加一定技术方法等的操作活动。营销型包装侧重策划策略，成为广义的包装。包装的作用有保护商品、便于运输、识别和提供创新机会等。现代商品包装中的失范现象主要体现在以下几个方面[①]：

（1）材料使用过度的包装。材料使用过度的包装也就是我们经常说的"过度包装"，这种包装主要表现在两个方面：一是包装层次过多，二是包装材料过于昂贵。包装层次过多是指对商品包装增加了不必要的包装件数和包装厚度。一般的商品包装常为内包装和外包装两层，也有的商品只需要一层包装，但现在市场上里三层、外三层的商品包装随手可得。例如，水果的内包装原则上只需要一层软质纸即可，但有的却采用两层软材或软材与硬材组合进行包装。另外，在包装材料的选择上，经济问题是必须考虑的重要环节。材料的经济性受其原材料资源的多少和其加工的难易程度等多方面因素影响。在众多包装材质中，纸材是较为经济实用的材质，而玻璃材质、金属材质、化纤材质等受其加工技术和原材料资源的限制，在造价方面要高于纸材。我们在包装材料的选用上，如没有特殊要求，还应以经济实用的材质为宜。然而过度包装的一大特征却是采用过多昂贵、稀缺的包装材料。而这些材料的使用仅仅是为了达到视觉上的美观，从而吸引更多消费者的目光。这种选材的出发点是盲目和不理智的，带有舍本逐末、华而不实的浮夸之意。

目前，在我国市场上时常可以看到精美的木盒包装、锦盒包装、瓷器包装、漆器包装、金属盒的包装等，并且这些包装上还有许多五

---

① 何昕. 商品包装的伦理问题研究 ［D］. 株洲：湖南工业大学，2010.

花八门的装饰，如金属环、人造珠宝、丝带、绸缎等。这些包装材料要远远高于普通材质，而且也完全可以被普通材质所取代。这种材料的使用成倍地提高了包装成本，甚至高出产品本身的价格。此类包装不能将包装材料合理利用，没有真正发挥出包装材料的最大效用，是包装资源的极大浪费。盲目地选用昂贵的包装材料，只能为我们带来更多"美丽的垃圾"。

（2）表里不一虚假的包装。虚假包装也可以说是欺骗性的包装，传达错误信息蒙骗消费者。一般来讲，凡是通过包装体本身的形状、尺寸、装潢设计以及包装体一部分的标签、说明书、相关文字或图案等，使消费者对被包装商品的质量、数量、品牌引起误解的包装，均属于虚假包装。具体来说有以下三种情形：

第一种可以称为"虚空"包装，是指被包装的商品占整个包装物的比例很小，整个包装内腔空洞，或者用廉价的填充物填满空置的部位以增加包装的饱满度或冒充实物重量，使消费者观察不到商品的真实面貌。

第二种是以假乱真抄袭其他商品的包装，常见的就是过分模仿名牌商品的包装，使消费者难辨真假，误以为是名牌产品的新包装。在前几年出现的劣质奶粉导致"大头娃娃"事件中，不法商家就是为了达到牟取暴利的目的，打着"亿俐""新蒙牛"的幌子来误导顾客，欺骗消费者。

第三种就是包装上带有欺骗性文字说明和图案。文字说明中标有实际不存在的成分，虚假的商品质量、数量、用途等，或者采用过于诱人的图片来刺激消费者的购买欲望。这种以虚假浮夸的信息诱骗消费者的行为是商家不正当的促销手段，严重侵害了消费者的利益。

（3）图案色彩粗俗的包装。图案粗俗的包装最主要的表现就是充满"色情"味。有些商家为了吸引顾客的眼球，不顾社会公德，唯利是图，在包装上追求感官刺激。另外，色彩是包装的第一视觉要素，在包装中占有相当重要的位置，所以有些设计师和生产商就在包装的色彩上大做文章，通过使用过多的颜色来形成强烈对比，使产品醒目、突出，从而吸引更多消费者的视线。其实过于炫目的色彩变化不但大大增加了印刷成本，而且使整个包装给人感觉很俗气，这也是一种包装误区。

（4）文字说明含糊的包装。文字说明是商品包装中必不可少的要素，其作用是为了使消费者更好地了解产品的信息。生产者、经营者向消费者提供商品包装时，必须将商品的相关信息尽可能详尽地体现出来。包装上所印的商品价格、用途、性能、产地、规格、等级、主要成分、净含量、生产日期、有效期限、检验合格证明、使用方法说明书、售后服务及服务的内容、范围等情况，必须真实、清晰。在这一点上，特别值得一提的是药品的包装。药品作为一种特殊商品，关系到人们身体健康，品种繁多，功能各异，而消费者的药品知识又呈不对称性，所以，消费者在消费过程中，为弄清药品的使用功能，大都习惯于查看包装上的说明，总是很详细地阅读和观察其包装。这就要求药品说明书及药品包装说明要力求详细、实事求是、准确无误，而且文字说明要深入浅出、浅显易懂，以利于操作，并且设计者还应该根据包装大小调整字体、字号、字间距，注意设计上的细部处理，使医护人员和使用者看起来方便、舒适，使某些着重突出、重点宣传的文字一目了然，做到对消费者负责，使患者放心。因为当使用者拿到一盒药品时，设计或印刷中哪怕是一点点的疏忽，都会很容易造成人们对药品的不信任感。除此之外，现在市场上仍然存在着一些商品包装，在文字说明方面，有的缺乏比较全面的信息介绍，有的说明与内容不一致，还有的闪烁其词、有意误导消费者。这样的商品包装明显侵害了消费者的利益，都是属于不道德的包装形式。

3. 产品质量安全

产品质量是指产品满足规定需要和潜在需要的特征和特性的总和，可以从产品性能、寿命（即耐用性）、可靠性与维修性、安全性、适应性、经济性这几个方面进行衡量。产品设计考虑不周、生产技术水平不够、生产过程把关不严等原因均会造成产品质量的不确定性。企业在销售产品之前，一方面有责任和义务严格把控产品质量，确保产品质量达标，另一方面也应做好产品质量的风险评估，预测产品在使用过程中可能存在的风险并告知消费者。

（1）假冒产品。假冒产品是指在制造时模仿其他同类产品的外部特征或未经授权对受知识产权保护的产品进行复制和销售借以冒充别人的产品。在当前市场上假冒产品主要表现为：冒用、伪造他人商标、标志；冒用他人特有的名称、包装、装潢、厂名厂址；冒用优质产品质量认证标志和生产许可证标识。在市场上被假冒的商品都是一些质地优良、适销对路、深受消费者和用户厚爱、在国内外市场上有较高声誉的名牌商品，这些商品在其创业创名牌的过程中都付出了长时间艰辛的劳动。假冒产品大都借助原有品牌的影响力，以相对低廉的价格迅速获取产品竞争优势，赢取购买力相对较弱的消费者，从而损害了原创品牌的利益。

（2）伪劣产品。伪劣产品是指生产、经销的商品，违反了我国现行法律、行政法规的规定，其质量、性能指标达不到国家标准、行业标准及地方标准所规定的要求，甚至是无标生产的产品。因此，与假冒产品不同，伪劣产品主要是指质量低劣或者失去了使用价值的产品。伪劣产品有时也假冒其他名牌产品进行销售，则此时它既是伪劣产品，又是假冒产品。

主要存在以下几种情况：一是伪造或者冒用认证标志、名牌产品标志、免检标志等质量标志和许可证标志的；二是伪造或者使用的虚假的产地的；三是伪造或者冒用他人的厂名、厂址的；四是假冒他人注册商标的；五是掺杂、掺假，以假充真、以次充好的；六是失效、变质的；七是存在危及人体健康和人身、财产安全的不合理危险的；八是所标明的指标与实际不符的；九是国家有关法律、法规明令禁止生产、销售的。

此外，经销下列产品经指出不予改正的，即视为经销伪劣商品：一是无检验合格证或无有关单位允许销售证明的；二是内销商品未用中文标明商品名称、生产者和产地（重要工业品未标明厂址）的；三是限时使用而未标明失效时间的；四是实施生产（制造）许可证管理而未标明许可证编号和有效期的；五是按有关规定应用中文标明规格、等级、主要技术指标或成分、含量等而未标明的；六是高档耐用消费品无中文使用说明的；七是属处理品（含次品、等外品）而未在商品或包装的显著部位标明"处理品"字样的；八是剧毒、易燃、易爆等危险品而未标明有关标识和使用说明的。

伪劣产品本身便存在缺陷，销售该类产品严重损害了消费者经济利益，甚至会对消费者的生命健康权产生威胁。企业在营销过程中，应遵守道理伦理，杜绝销售假冒伪劣产品，而应销售符合法律规定，满足消费者需求的优质产品。

（3）不安全的产品。产品的安全性是指产品在使用、储存、销售过程中，保障人体健康和人身、财产安全免受伤害或损失的能力。不安全产品是指有可能对人体健康造成危害的产品。近年来，地沟油、毒奶粉、瘦肉精、假疫苗等食品药品问题不断曝光，引起社会公众的愤怒。毒跑道、有问题的化妆品、甲醛超标的家具及服装等问题层出不穷，暴露出我国企业在产品安全方面存在的许多问题。

从安全性角度来看，一方面，产品的安全问题由产品生产制造者决定，如农药残留、甲醛超标、化妆品成分中存在有害物质等安全问题均是由生产制造者的非道德行为所导致；另一方面，许多产品自身便存在安全隐患，如锋利的刀具存在割伤的风险，热水壶存在烫伤的风险，消费者一旦使用该类产品，安全风险就随之产生。产品的安全性该如何保证，安全风险又该如何规避呢？于企业而言，在生产制造销售等一系列环节中，企业都应恪守道德底线，遵守法律法规，诚信且合规经营，确保所售产品质量达标，此外对于刀具等本身存在安全隐患的产品，企业可以研发安全性更强的替代品或是生产可预防安全风险的配套品，如防割伤刀具或防割伤手套等；于消费者而言，在使用具有安全风险的产品时应小心谨慎并做好防御措施，尽量降低安全风险。

（4）达不到性能要求的产品。产品性能是指在一定条件下，实现预期目的或者规定用途的能力。任何产品都有特定的使用目的或用途。当前，在市场上仍然存在一些夸大性能或者用途的产品，不少的保健品就是其中的例子。保健品不是药品，更不是"万能神药"，这应是一个共识和常识。保健品是保健食品的通俗说法，根据国家卫健委 2005 年发布的《保健食品注册管理办法（试行）》可知，保健品是指声称具有特定保健功能或者以补充维生素、矿物质为目的的食品。即适宜于特定人群食用，具有调节机体功能，不以治疗疾病为目的，并且对人体不产生任何急性、亚急性或者慢性危害的食品①。但是，一些企业为了追求利益，在保健品销售中，无中生有、夸大功效。比如一个售价千元的鞋垫，据称是对罗圈腿、心脏病、前列腺炎都有奇效；负离子磁卫生巾，则可以治疗各种男女生理疾病；有效成分和果汁无异的"本草清液"，却被标榜可以"排毒"，售价千元②。

（5）人为强制淘汰产品。产品寿命是产品质量的另一个重要维度。如同人的寿命一样，产品也有自己的寿命。产品的寿命可以分为自然寿命与经济寿命。自然寿命是指产品从研究设计开始，经过生产制造、市场销售、用户使用，直到没有使用价值完全报废为止所经历的全部时间。经济寿命是指从经济方面考虑产品的寿命。随着经济的发展和科学技术的进步，原有产品的技术性能落后，经济效益低下，虽然还没有达到它的自然寿命周期，但如果继续使用已经不经济了，必须将其强制淘汰。这种从产品研发开始，直到其因技术性能落后、经济效益低下而被淘汰所经历的全部时间，就是产品的经济寿命。人

① 保健食品注册管理办法（试行） ［N］. 中国医药报，2005 - 06 - 04. DOI：10. 38249/n. cnki. nyiya. 2005. 001080.

② 人民日报评论：保健品，别随便 "忽悠" 成药 ［EB/OL］.（2019 - 01 - 07）. https：//baijiahao. baidu. com/s？id = 1621948394432816731&wfr = spider&for = pc.

为强制淘汰产品也称为有计划的产品淘汰，通常是指生产厂商在生产产品时预先设定一个寿命，这个寿命比正常的寿命短，这样就迫使消费者在较短的时间内再购买产品。从社会的层面看，人为强制淘汰产品会带来资源的浪费①。

（二）定价中的伦理问题

《中华人民共和国价格法》中规定：经营者定价应当遵循公平、合法和诚实信用的原则。"公平"是指经营者定价的基本依据是生产经营成本和市场供求状况。"合法"经营者应当努力改进生产经营管理，降低生产经营成本，为消费者提供价格合理的商品和服务，并在市场竞争中获取合法利润。"诚实信用"是指经营者应当根据其经营条件建立、健全内部价格管理制度，准确记录与核定商品和服务的生产经营成本，不得弄虚作假。违背上述原则的企业定价行为就是不正当行为，应被判定为非道德定价行为。

定价中的伦理问题可以分为两大类：一是妨碍公平竞争的定价策略，即企业的定价行为损害了正常的竞争。如串谋定价、掠夺性定价和歧视性定价。二是产品价格的合理性。主要讨论的是企业的定价行为对最终消费者的影响。如价格欺诈、误导性定价和暴利价格。

1. 价格欺诈

价格欺诈行为是指经营者利用虚假的或者使人误解的标价形式或者价格手段，欺骗、诱导消费者或者其他经营者与其进行交易的行为。根据国家发展计划委员会 2003 年制定的《禁止价格欺诈行为的规定》，我们可以把市场中出现的价格欺诈行为一一对号入座，具体有标价行为和价格手段两种表现形式。

---

① 杨杜，许艳芳. 企业伦理 ［M］. 北京：中国人民大学出版社，2019：136 – 137.

该规定的第六条规定经营者收购、销售商品和提供有偿服务的标价行为，有下列情形之一的，属于价格欺诈行为：（1）标价签、价目表等所标示商品的品名、产地、规格、等级、质地、计价单位、价格等或者服务的项目、收费标准等有关内容与实际不符，并以此为手段诱骗消费者或者其他经营者购买的；（2）对同一商品或者服务，在同一交易场所同时使用两种标价签或者价目表，以低价招徕顾客并以高价进行结算的；（3）使用欺骗性或者误导性的语言、文字、图片、计量单位等标价，诱导他人与其交易的；（4）标示的市场最低价、出厂价、批发价、特价等价格表示无依据或者无从比较的；（5）降价销售所标示的折扣商品或者服务，其折扣幅度与实际不符的；（6）销售处理商品时，不标示处理品和处理品价格的；（7）采取价外馈赠方式销售商品和提供服务时，不如实标示馈赠物品的品名、数量或者馈赠物品为假劣商品的；（8）收购、销售商品和提供服务带有价格附加条件时，不标示或者含糊标示附加条件的；（9）其他欺骗性价格表示。

第七条规定经营者收购、销售商品和提供有偿服务，采取下列价格手段之一的，属于价格欺诈行为：（1）虚构原价，虚构降价原因，虚假优惠折价，谎称降价或者将要提价，诱骗他人购买的；（2）收购、销售商品和提供服务前有价格承诺，不履行或者不完全履行的；（3）谎称收购、销售价格高于或者低于其他经营者的收购、销售价格，诱骗消费者或者经营者与其进行交易的；（4）采取掺杂、掺假，以假充真，以次充好，短缺数量等手段，使数量或者质量与价格不符的；（5）对实行市场调节价的商品和服务价格，谎称为政府定价或者政府指导价的；（6）其他价格欺诈手段①。

价格欺诈是不道德的行为，这是毫无疑问，因为这种行为侵犯了消费者的知情权，企业存在着主观上欺骗的故意。

---

① 王方华，周祖城．营销伦理［M］．上海：上海交通大学出版社，2005.

2. 掠夺价格

掠夺价格就是在竞争性市场上将价格定得不合理的低水平或者是亏损性的低价，达到将竞争者驱逐出市场的目的，由此所产生的损失可以由未来利润来弥补，当竞争对手退出市场后，企业可以凭借垄断地位获得超额利润。掠夺性定价行为为我国《反不正当竞争法》所明文禁止。

掠夺性定价的判断：采取成本比较原则，即如果定价低于平均可变成本或边际成本两者中较低的那个值就是掠夺性定价。我国法律明确规定下列情况不属于掠夺性定价：（1）销售鲜活商品；（2）处理有效期限即将到期的商品或者其他积压的商品；（3）季节性降价；（4）因清偿债务、转产、歇业降价销售商品。

掠夺性定价的伦理争议主要在于其妨碍了竞争。他与歧视性定价和串谋定价的差别在于其导致了价格下降而不是上升。企业采取掠夺性定价策略所期望获得的益处无非是在迫使竞争对手退出市场后，企业能以垄断市场价格获取高额的利润。而掠夺性定价策略的负面效果却十分隐蔽。这是由于它会因大幅度降价而给消费者带来暂时利益，在企业达到了其挤垮竞争对手或者独占市场的目的后，价格往往大幅上升，而此时消费者却没有选择的余地。因此，掠夺性定价行为不仅直接损害竞争对手的利益，违背了公平竞争原则，而且从长远看，也必然损害消费者的利益。

许多经济学研究表明掠夺性定价在抢占市场垄断地位方面并不是高明的方法。由于前期降价幅度大，企业的销售量与损失成正比例发展，企业要弥补损失必然要在长时间内保持高垄断价格，而这样又消减了市场进入壁垒，之前的努力很可能前功尽弃。也就是说，掠夺性定价是于人于己都无益处的价格策略，它妨碍了市场的有序竞争，导致企业常常自食恶果。

3. 价格垄断

价格垄断行为，是指经营者通过相互串通或者滥用市场支配地位，操纵市场调节价，扰乱正常的生产经营秩序，损害其他经营者或者消费者合法权益，或者危害社会公共利益的行为。判断正当价格竞争与价格垄断的标准在于：一是看企业在制定价格时是否确实占有该市场的垄断地位，这是价格垄断的必要前提；二是看这种价格的形成是否排斥了正常的价格竞争，这是价格垄断的基本实质；三是看该行为是否为了牟取巨额的利润或特殊利益，损害了其他经营者及广大消费者的利益。垄断价格主要表现为：

（1）欺行霸市。经营者凭借市场支配地位，违反法律、法规的规定牟取暴利；凭借市场支配地位，以排挤、损害竞争对手为目的，以低于成本的价格倾销，或者采取回扣、补贴、赠送等手段变相降价，使商品实际售价低于商品自身成本。

（2）串谋定价。通过协议、决议或者协调等串通方式来统一确定、维持或变更价格或通过限制产量或者供应量来操纵价格的行为。串谋定价人为地垄断并制定高于正常市场合理的价格，从而使消费者受到直接的经济损失，并造成价格信号扭曲，破坏价值规律地正常作用，旨在控制价格，反对公平竞争，因而串谋定价是一种非道德的预谋行为。

（3）歧视定价。歧视定价是指经营者凭借市场支配地位，在提供相同商品或者服务时，对条件相同的交易对象在交易价格上实行差别待遇，它是垄断定价的引申。有关歧视定价的道德问题，主要是考察是否或者根本上削弱了竞争关系。这里的竞争可分为两种水平：一是企业对其竞争者实施的歧视价格，我们称为"初级水平"竞争；二是"二级水平"竞争，它是指服务于同一顾客的企业之间的竞争。一般来说，在初级水平上的歧视性削价，只是造成竞争者利润上的一定损失，并不构成对整体竞争水平的危害。但二级水平竞争，由于企业（如大零售商）采用了歧视价格，结果使竞争者（如小零售商）

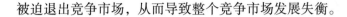

被迫退出竞争市场，从而导致整个竞争市场发展失衡。

4. 暴利价格

根据国家计划委员会发布的《制止牟取暴利的暂行规定》，我们可以把暴利价格定义为：企业某一产品的价格水平或差价率或利润率超过同一地区、同一期间、同一档次、同种产品的市场平均价格或平均差价率或平均利润率的合理幅度。商品或者服务的市场平均价格、平均差价率、平均利润率以其社会平均成本为基础测定。但是随着科技的进步和新兴产业的出现，有些时候根本就没有同种商品来提供衡量，这时这种基本价格水平的计算就难以客观公正地进行。

一般来说，商品价格的提高，如果属于成本的原因就是公平合理的，若属于市场条件的原因，就应该是不公平合理的。实际上，高利润本身是不存在是否道德的区分的，界定暴利关键是看是否在损害了消费者的选择权和知情权的情况下取得。2003 年非典流行期间的广东，一瓶醋最高卖到 200 元，一盒板蓝根卖到 100 多元，这种暴利就是在伤害消费者的选择权基础上获取的，因为当时传言这两种东西可以预防非典，消费者就没有其他东西替代选择，从而导致这种由于商品暂时短缺而随意提价的情况，因此是不道德的行为①。

（三）促销中的伦理问题

1. 广告中的伦理问题

广告是由明确的主办人发起的，通过付费的任何非人员介绍和促销其商品或服务的行为。它是一种高度公开的信息传播方式，这种公开性赋予产品一种合法性，并对消费者产生深刻的影响。它是一种普

---

① 吴芳芳. 企业产品定价道德分析与评价研究［D］. 成都：西南石油大学，2009.

及性的媒体，允许销售者多次重复同样的广告信息，并能够触及特定范围内的大多数消费者。它具有夸张的表现力，可以通过巧妙运用印刷、摄影、戏剧等各种艺术手段展示一个企业及其产品，从而对消费者产生各种影响。它是非人格化的，不像销售人员那样对消费者施加强制性的影响，受众只是消极的接受它，而不必积极地注意或响应。广告伦理是指人们在从事广告活动中所应遵循的伦理原则和规范。广告伦理调整的是广告主体包括广告主、广告商与广告受众之间的关系。广告中伦理失范行为主要有[①]：

（1）虚假广告。广告的主要功能是向消费者传播企业或产品的信息，真实性是广告的生命。在广告传播中，最为常见的伦理问题是广告所传播的信息真实性问题。在广告的传播实践中，我们发现媒体上充斥着大量虚假不实的广告[②]。虚假广告是所有广告伦理失范行为中最为普遍、性质最为恶劣、社会危害最大的一种广告表现形式。虚假广告的表现形式五花八门，或欺诈，或夸大，或通过各种方式造成消费者的误解，从而欺骗或误导消费者采取购买行动，侵害了消费者和其他经营者的合法权益。虚假广告往往不切实际地吹嘘商品的使用价值，以小见大，牵强附会，甚至是子虚乌有，公然藐视消费者的合法权益。这类错误做法在道德观念上源于缺乏对义利观的正确审视和理智思考。"一部分人把个人物质财富的积累，特别是金钱的增多替代精神上的崇高追求，认为所谓实现价值，就是不惜一切代价，利用一切手段，包括损害他人的利益来牟取暴利。这样，义字抛一边，利字摆中间，道德人格丧失了赖以存在的理性基础。"[③] 例如，2019 年，重庆某百货公司中的欧莱雅专柜在其印刷广告中标有 "8 天肌肤犹如

---

① 徐鸣，李建华. 商业广告的伦理缺失及其反思 ［J］. 伦理学研究，2013（3）：106 – 109.

② 邓名瑛. 传播与伦理：大众传播中的伦理问题研究 ［M］. 长沙：湖南师范大学出版社，2007.

③ 陈正辉. 广告伦理学 ［M］. 上海：复旦大学出版社，2008.

新生、众人见证 8 天奇迹"等宣传语,虚构了产品功效,重庆市江北区市场监管局于 2019 年 6 月对欧莱雅作出行政处罚,责令停止违法行为,并处罚款 20 万元[①]。又如新冠肺炎疫情期间,天津绿之源大药房利用人们急于防疫的心理,于药房橱窗内张贴海报,虚假宣传普通药品"抗病毒丸"和"清热解毒胶囊"具有"预防和治疗新型冠状病毒肺炎、流感"功效。市场监管部门对该药房作出处以 200 万元罚款的处罚决定,并将该违法线索移送公安机关[②]。该类虚假广告的频繁发生严重破坏了市场经济秩序,损害了消费者权益,相关部门应该大力打击虚假广告并加大监管力度,营造良好的广告环境。

(2)新闻体广告。新闻体广告是广告形式的一种,是由广告刊播者购买广告的版面、时间,用新闻文体的形式撰写的广告,是广告主为了实现某种特定的推销产品或服务的目的,以新闻的形式借助媒介向公众进行的有偿的信息传播活动。新闻体广告初看像新闻,但它是以付费的形式对商品或服务进行的广告宣传。这种广告形式给消费者可能带来极大的欺骗性和误导性,让很多消费者误以为这是新闻。此类广告形式的出现主要是广告主抓住广大消费者认可新闻具有权威性的心理,以隐形的方式向消费者宣传其产品或服务。我国明令禁止发布新闻广告,认为新闻广告具有误导性,是虚假广告变形后的一种新方式,是最有迷惑性、最具欺骗性的一种误导广告表现形式。

(3)误导性广告。误导广告是指由于广告主、广告经营者、广告发布者的故意或过失,使广告内容不明确,令广告对象对商品的真实情况产生错误的联想,从而影响其购买决策的广告。误导性广告主要包括三种类型:第一类是内容真实的误导,包括语义误导,如声称"买一送一",但是送的却是别的价值非常低的商品;表达不充分的误导,如标明"本店商品打 5 折",实际仅仅在周日才打 5 折;科学知

---

①　金雷. 欧莱雅因虚假宣传被罚受关注［N］. 中国医药报,2019 – 12 – 20.

②　胡立彪. 严查蹭疫情热点的虚假广告［N］. 中国质量报,2020 – 02 – 25.

识的误导,如某商品标明含有"强身因子",这里的"强身因子"不是一个科学概念,这对不具备这方面知识的消费者构成了知识上的误导。第二类是内容虚假的误导,这类广告实际就构成了虚假广告。第三类是以未定论的事实做引人误解的宣传。由于人的认知的局限,必然有尚未证明真伪的事实,若在广告中以这类事实作为卖点就构成误导。如众多补钙产品都面临的钙吸收问题,学术界尚无定论,若某产品宣称自己的钙产品比碳酸钙等传统钙吸收效果好,则是误导①。

(4) 不正当的比较广告。比较广告也可称作对比广告、竞争广告,简单来说是一种以展开比较作为宣传策略的广告形式。如果比较的方式具有正当性,则该比较广告即属于正当的比较广告;如果比较方式违背正当竞争原则,该比较广告即有可能构成不正当比较广告。对不正当比较广告内涵进行界定,重点就在于"正当"的界限如何②。我国现行《广告法》对可以做广告的行业范围有限制规定,比较广告应符合《广告法》的行业限制条件。另外,广告内容不能虚假,不能过于片面或是具有误导性。通过遮掩不利消息、不公平地对比、诱导受众产生相应联想等方式,促使消费者陷入错误判断,认为广告所宣称的商品有不存在的优势或对其竞争对手的商品产生负面印象的行为是不公平和不道德的。除了范围合规与内容真实之外,比较广告还应具备一定的方式正当性。根据我国广告法中有关的规定,除了"最高级广告"外,批评性比较广告也是不被允许的,广告法第13 条"禁止贬低条款"规定了广告不得贬低竞争对手的商品或服务。因此,合法的比较广告应该方式正当,符合所在地的法律规定、社会善良风俗和一般商业道德,而不能违背公共秩序恶意竞争,扰乱良好的市场秩序,侵犯其他主体的合法权益。

---

① 误导性广告 [EB/OL]. https://baike. baidu. com/item/% E8% AF% AF% E5% AF% BC% E6% 80% A7% E5% B9% BF% E5% 91% 8A/4693616? fr = aladdin.

② 白雪. 不正当比较广告的法律规制 [D]. 广西师范大学, 2021. DOI: 10.27036/ d. cnki. ggxsu. 2021. 000223.

（5）情色广告。"据心理学家和美学家的研究，人们对于性的审美感，首先源于性机能的轻度兴奋，若不是感官被吸引，性的吸引力就不能起作用，颜色、仪容可成为对性欲的刺激和两性选择的向导，特别是女性的容颜。"① 很可能由于认识到这一点，广告往往滥用女性的形体、漂亮的容颜等。情色广告的最大的好处就在于，它能在瞬间引起人们的注意。所以，从广告内容、广告表现、广告创意等各方面来说，女人仍是广告中的主角之一，性也就理所当然地成为广告的情感催化剂之一。

在利益的驱使下，一些广告商片面地认为"广告 = 产品 + 女人"，情色广告的使用能带来成千上万的财富。正是在巨大利益的诱惑下，很多广告中"性"味越来越浓，充满着各种各样的"性"暗示，尺度也越来越大。情色广告不仅有违道德，更有悖于《广告法》。

除以上各种商业广告的伦理缺失表现外，还有诸如不良儿童广告、不良专家广告，等等。这种伦理现象的缺失主要是义利平衡关系被打破，导致道德性问题凸显。

2. 销售人员的伦理问题

人员销售是公司的销售人员为实现达成销售和建立客户关系的目的而进行的商品介绍和展示。人员销售方式实现了销售人员与顾客之间的直接沟通和互动，能够使顾客更加信服并采取购买行动。人员销售过程中存在的伦理问题主要有以下几类：

（1）蒙骗。销售人员利用消费者的知识盲区或是消费者心理，对消费者进行诱导蒙骗的现象屡见不鲜。尤其是在保健品行业，一些销售人员利用空巢老人子女不在身边的特点，常常通过与老人聊天增进关系等方式赢取老人信任，然后向其推销自身的保健产品，声称产

---

① 李小勤. 广告伦理——面对难以躲避的诱导［M］. 济南：山东教育出版社，1998.

品具有防癌抗病、延年益寿等功效。多数老人对健康追求较高而防范意识不强，因此落入保健品推销人员的骗局之中，甚至被骗光积蓄。《南方都市报》于 2017 年 3 月 17 日报道广东某食品有限公司自 2013 年以来吸纳中老年人会员客户，以"洗脑"、夸大病情、言语强制等多种手法进行会议营销，向中老年人兜售高价保健品。更有甚者，通过将中老年人诱骗进乡镇软禁，威逼利诱中老年人购买保健品，在中老年人拒买后，采取将中老年人扔在荒郊野岭的极端方式进行报复①。

（2）虚假宣传。在销售活动中，一些销售人员为促进产品销售，通过传播与实际内容不符的虚假信息，如夸大产品功效、无中生有等，向消费者宣传自身产品，诱导消费者采取购买决策。这一促销方式违反了诚实信用原则，损害了消费者的合法权益，近年来在网络直播带货的促销模式中层出不穷。例如，爆火的网红主播李某某就曾深陷虚假宣传风波。起因是其在 2019 年 9 月的一场直播中，将不是产自阳澄湖的螃蟹"阳澄状元"大闸蟹说成"阳澄湖的大闸蟹"，并宣称"23 年老品牌"，然而实际上却是来自一家仅成立 4 年的新公司。事后，李某某工作室在微博发布道歉声明，声称会负责到底。

（3）回扣和商业贿赂。企业营销人员往往使用回扣和商业贿赂的措施使企业的产品得以销售。在大宗商品尤其是批量销售的产品的促销活动当中，这种现象尤为严重。这种伦理问题往往会对下游企业的生产经营产生不良影响，下游企业在接受这些产品之后，又会通过降低产品质量或进一步通过违反营销伦理的方式将产品脱手，这种违反商业伦理的"乘数效应"，将会使得违反营销伦理的行为，以成倍递增的方式向整个经济系统进行扩散，从而对国民经济造成更加严重的影响。2020 年 6 月 17 日，衡水市市场监督管理局下发"衡市监行罚决［2019］综执 092 号"处罚文件，对衡水爱尔眼科医院有限公

---

① 温佳冰，常路，张媛，严金海．浅谈我国中老年人保健品市场的虚假宣传及其治理［J］．医学与法学，2018，10（01）：64-67．

司处以 19 万元的罚款，处罚事由是该单位通过医生介绍患者，按手术费用一定比例转账给推荐医生①。

（4）劣质赠品。部分企业销售人员还使用附赠劣质产品进行虚假抽奖等方式进行产品促销。企业的销售人员往往通过虚假抽奖，实现确定获奖人等方式吸引消费者关注该企业的产品，对消费者进行潜在蒙骗②。

（四）渠道中的伦理问题

大多数公司都只是更庞大的供应链和营销渠道中的一个环节。供应链包括"上游"和"下游"合作者。企业的上游合作者是指那些为生产产品或服务供应所需原材料、零部件、信息、资金和专业技术的企业。下游营销渠道伙伴，例如批发商和零售商，在生产企业与其顾客之间形成了至关重要的联系纽带。然而，由于企业、供应商、经销商等各方利益可能并不一致，各方之间难免存在渠道冲突，而各方为了自身利益最大化，营销渠道中的各类伦理问题由此显现。其中，最常见的伦理问题主要有以下几类：

1. 权力与控制的伦理问题

不同的节点权力大小是不同的，有时零售商的权力更大，有时制造商的权力更大。例如，零售终端拥有了越来越大的权力，制造商要缴纳一定的费用才能进入。渠道组织中最有权力的就是渠道的领导者，有权力的组织是否会利用这种权力形成高压政策，这就会形成伦理问题。

---

① 陈晴. 艾芬晒回扣流水涉事医院高管称是"翻旧账"［N］. 每日经济新闻，2022 - 01 - 11.

② 邱志强. 企业促销的营销伦理［J］. 现代企业文化（上旬），2013（7）：88 - 89.

2. 采购/供应中的伦理问题

很多企业设立了专职的营销部门与采购部门。涉及的主要伦理问题包括：第一，倾向于采购有关系的供货商的商品。政府采购中虽然有招标程序，但仍然不能杜绝这类现象。第二，欺诈性行为，使用模糊的合同术语、说谎等方法获得销售权。第三，微妙行为，如通过贿赂取悦上下游有权力的节点等。例如，2021 年 4 月 16 日，比亚迪通报 2021 年度第一季度查处的典型案例，其中涉及员工与供应商人员打麻将并存在经济往来、员工收受供应商回扣和贿赂等一系列腐败行为。在此之前，比亚迪也曾多次通报员工借打麻将的方式受贿的贪腐案例，以此加强警示教育①。

3. 特许经营中的伦理问题

特许经营模式是指拥有某种独特产品或服务，或某种经营方式，或某个商标专用权的特许人和特许经营者根据契约关系而联合组成的渠道网络。在这种契约关系的特许经营渠道模式中存在伦理问题。

（1）特许人对特许经营者的不公平对待。根据契约规定，特许经营者向特许人支付"特许使用费"，获得在特许期间、特定区域使用特许人独特产品或服务、或专有技术、商标或其他某种无形资产等权利，每个特许经营者应该拥有平等的权利。但是特许人的政策总是倾向于销售额较大和新加入的经营者。

（2）特许经营者的"搭车"行为。在特许经营渠道模式中，特许公司将自己独特产品或服务，或某种经营方式，或某个商标专用权等特许给特许经营者使用，收取特许费用。但是特许公司在维持特许经营系统内的统一产品质量标准时，会经历一系列困难，可能还会出

---

① 比亚迪又有员工被抓！保安私开赌场、员工打麻将收受贿赂［EB/OL］. https：// baijiahao. baidu. com/s？ id＝1697357926709054906&wfr＝spider&for＝pc.

现特许经营者的"搭车"行为等伦理问题。当产品质量问题出现在直营店时，分店经理如果不执行上级命令，他可能被取代或为此受到纪律处分。但是在特许经营中是不可能的，因为特许经营者拥有分店的特许业务，因此特许总部经常不能对不合要求的特许分店施加管理。例如，众所周知的麦当劳公司就是一个非常成功的特许经营体系。但是麦当劳曾经指控其法国的一家特许经营店清洁工作低于规定标准，有损麦当劳形象。这就是说，特许店利用麦当劳的声誉招揽顾客，却不遵守麦当劳餐馆的清洁标准，是一种典型的"搭车"行为①。

三、治理对策：保护消费者合法权益

上述分析中可以发现，我国的市场营销活动中，存在着诸多伦理问题，形势不容乐观。因此，采取必要的措施来预防和规避这些非伦理行为就显得格外重要。

首先，完善相应的法律法规，建立比较完善的失信惩戒机制。众多厂商在面临失信惩戒机制的巨大威慑时，选择遵守相关的公共秩序，及时公布真实的产品信息。国家同时也应当加强对公共媒体的管理工作，对部分地方事业单位通过向厂商提供宣传服务获取报酬的做法进行及时的限制和引导，保证大众传媒能够正确地引导社会舆论，传播真实有效的信息。

其次，国家质量监督和产品检验检疫部门应当及时地发布各种产品的质量监督信息，同时向社会公众传播各种产品的质量检验监督的知识，使得公众能够在信息资源相对较少的情况下，获得对产品比较充分的认识，降低厂商通过违反商业道德和营销伦理进行促销的可能。同时在产品质量信息的发布过程当中，应当努力保证信息的易懂

---

① 李明. 试论分销渠道模式中的伦理问题［J］. 知识经济，2010（22）：80.

性和清晰明了，并且是能够为社会公众快速接受的产品信息，这样才能真正起到提高公众产品识别能力的作用。

最后，倡导企业营销伦理，构建企业核心文化。企业首先要树立"以消费者为核心"现代营销观念，同时还要树立重视社会效益的社会营销观念。这是企业营销伦理建设的最根本措施。现代营销观念把顾客需要作为企业的营销方向放在首位，对消费者利益的重视是企业的主动要求，而不是被动行为。社会营销观念要求企业自觉考虑社会责任和义务，注重社会利益，讲究社会公德。建立、巩固以营销伦理道德规范为核心的企业文化。企业营销伦理虽属价值观领域的问题，但企业文化却是企业价值观的集中体现，因此企业营销伦理规范和企业文化的主旨是一致的。所以，企业文化是营销伦理的载体，企业营销伦理规范可以通过形式多样的企业文化活动融入企业的每个细胞。

思考与实践

1. 市场营销中可能存在哪些非伦理行为？

2. 如何避免市场营销中的伦理问题？如果你是企业管理者，将会采取哪些措施？

3. 产品的过度包装问题为何如此盛行？消费者能为减少过度包装做些什么？

4. 互联网时代，植入式广告已无处不在，你如何看待植入式广告？

知识应用

知识应用6

互联网时代的企业伦理

学习目标

1. 了解互联网技术和电子商务环境下的企业伦理
2. 了解互联网经济环境下的各类伦理问题
3. 掌握互联网经济环境下企业伦理的建设路径

引导案例

随着互联网应用的普及化，网络购物用户规模扩大，入驻电商平台的商家越来越多，入驻平台商家数量的快速增长，在促进电商蓬勃发展的同时，也导致了同行的激烈竞争。消费者在网购时无法看到和摸到实体商品，因此，网店的各项指标分数以及其他已购消费者对商品的评价等就成为了人们对商品好坏的重要评判标准，进而影响消费者作出消费的决定。网络商家为了短期内快速提高店铺信誉度和客流量，实现资本的快速回笼，大多会选择"刷单"这一低价高效的方式。

我国第一例"刷单入刑"的案件发生在杭州市。2013 年 2 月，李某某通过创建"零距网商联盟"网站和利用 YY 语音聊天工具建立刷单炒信平台，吸收大量淘宝卖家成为会员，相互刷单炒信。李某某制定平台规则和刷单炒信流程，以入会和平台管理为名义收取费用，并组织会员在平台上发布或接受刷单炒信任务，在淘宝网上进行虚假交易并给予虚假好评的方式，赚取任务点。其间，李某某通过向会员销售任务点的方式牟利。截至 2014 年 6 月，李某某共计获利 90 余万元。2014 年初，阿里巴巴利用大数据建立风控模型，发现"零距网商联盟"网站在淘宝网上存在刷单炒信行为，其后主动向警方报送刷单线索。

2016 年 6 月，李某某因涉嫌非法经营罪被公诉机关向杭州市余杭区法院提起公诉。杭州市余杭区法院一审审理认为，被告人李某某违反国家规定，以盈利为目的，明知是虚假的信息仍通过网络有偿提供发布信息等服务，扰乱市场秩序，情节特别严重，其行为已构成非法经营罪。被告人李某某的行为既违反国家规定，又系以盈利为目的，通过信息网络有偿提供发布虚假信息等服务是严重扰乱市场秩序的非法经营行为，其行为符合非法经营罪的构成要件，依法应定性为非法经营罪，且情节特别严重，会员是否自愿交纳相关费用并不影响非法经营的定性。法官当庭宣布判决：被告人李某某犯非法经营罪，判处有期徒刑 5 年 6 个月，并处罚金人民币 90 万元。

随着监管越来越严格，刷单炒信组织也开始寻找应对措施，规避监管。现在很多刷单炒信行为具有流程完善，且隐蔽性强等特点。这不仅严重损害消费者利益，也侵犯了诚实守法的经营者利益，更扰乱了正常的网络交易秩序。这种混乱的秩序下，很多诚信经营的企业不堪亏损，纷纷退出电商平台。2016 年 10 月 25 日，国家发改委等 7 部委邀请 8 家在国内具有相当影响力的电商平台公司，共同组建"反刷单联盟"，政府部门与电商平台强强联合，一起打击网络刷单炒信等影响互联网经营秩序的不法行为。在组织刷单行为屡禁不止的情况下，"刷单行为如何定性"也引起了业内人士的热议。

资料来源：郑燕冰. 组织网络刷单炒信行为的定性分析［D］. 长沙：湘潭大学，2017.

思考：有人说"网店刷可能会死，不刷直接死"，您如何看待上面的言论？请运用伦理分析工具分析网络刷单行为。

随着监管越来越严格，刷单炒信组织也开始寻找应对措施，规避监管。现在很多刷单炒信行为具有流程完善，且隐蔽性强等特点，不仅严重损害消费者利益，也侵犯了诚实守法的经营者利益，更扰乱了正常的网络交易秩序。严厉打击以"刷单炒信"为代表的网络不正当竞争行为，维护社会主体之间的信任关系，利在当下又惠及长远。互联网、大数据、云计算、人工智能等技术在重构世界商业秩序的同时，也可能会引发诸多如不正当竞争、侵犯隐私、数据安全等伦理问题。为了更好地理解这一问题，本章将从我国电子商务发展现状出发，探讨数字伦理以及企业应承担的社会责任。

一、电子商务发展现状

电子商务通常是指在全球各地广泛的商业贸易活动中，在因特网开放的网络环境下，基于客户端/服务端应用方式，买卖双方不谋面地进行各种商贸活动，实现消费者的网上购物、商户之间的网上交易和在线电子支付以及各种商务活动、交易活动、金融活动和相关的综合服务活动的一种新型的商业运营模式。根据商务部电子商务发布的《中国电子商务报告 2019》（以下简称《报告》）显示：2019 年中国电子商务市场规模持续引领全球，服务能力和应用水平进一步提高。中国网民规模已超过 9 亿人，全国电子商务交易额达 34.81 万亿元，其中网上零售额达 10.63 万亿元，同比增长 16.5%，实物商品网上零售额 8.52 万亿元，占社会消费品零售总额的比重上升到 20.7%；电子商务从业人员达 5125.65 万人。《报告》还归纳了我国电子商务发展呈出的特点。

第一，直播带货、社交电商、小程序电商等新模式更好地满足了消费选择多元化、消费内容个性化的需求，持续促进消费新增长。2019 年中国网络直播用户规模达 5.60 亿人，其中直播电商用户规模达 2.65 亿人，占网络用户的 37.2%，占直播用户的 47.3%。2019 年直播电商总规模达到 4338 亿元，同比增长 226%，微信月活跃用户数量突破 11 亿人，小程序日活跃用户超过 3 亿人，小程序电商用户约 2.40 亿人。在月活跃 TOP100 微信小程序中，网络购物小程序上榜率接近 20%，数量位居第二①。

第二，个性化、定制化商品备受青睐，品牌品质商品、"中国风"国货精品成为网购新风尚。2019 年，个性化、定制化商品成为消费热点。国货品牌及"中国风"成为网络零售市场亮点。一方面，国货品牌在产品外观设计上添加富有传统文化底蕴的中国元素，大幅度提高产品文化附加值。另一方面，国货品牌注重发挥社交网络作用，依托网络直播、内容导购、口碑营销构建的各类场景，助推形成网购国货热潮。

第三，跨境电商政策体系不断完善，电商平台国际布局逐步升级，跨境电商继续引领外贸新业态。2019 年，中国主要跨境电商平台加速国际化步伐、实施升级战略，吸引海外卖家入驻。阿里巴巴实施"本土到全球"战略，速卖通已向欧洲多国的中小企业开放平台注册。京东国际 2019 年依托跨境物流优势打通 1000 条以上国际运输线路，新引入进口品牌超过 3000 个，其全球供应链体系已经成为海外品牌和优质商品进入中国市场的"快车道"。

第四，在线服务消费市场稳健增长，餐饮、旅游、文娱、家政、医疗、教育等多个细分领域百花齐放。2019 年，全国在线餐饮零售额同比增长 12.3%；在线旅游零售额（不含交通住宿）同比增长 8.0%，其中国内游零售额占 73.1%；在线文娱方面，全年累计电影

---

① 商务部电子商务和信息化司.《中国电子商务报告（2019）》[EB/OL].（2020 – 07 – 02）. http://dzsws. mofcom. gov. cn/article/ztxx/ndbg/202007/20200702979478. shtml.

票房网上销售再创历史新高，国产电影对年度总票房的拉动作用显著；在线家政方面，年末在线家政从业人数同比增长 34.1%。

第五，网络零售向智能制造领域延伸，企业对企业（B2B）电子商务向产业链深度延伸，制造业潜力得到释放，智能定制新消费模式加速酝酿。平台加速链接生产制造企业、各类电子商务平台通过数据分析、社群运营、流量创新等多种方式获取消费者需求偏好，引导制造企业设计、研发和生产市场需求的产品。个性化定制企业将用户个性化需求处理后形成标准化订单分发给智能制造工厂，用户直连制造（C2M）平台与工厂直接合作，定制热销产品，满足用户个性化消费需求。

随着电子商务的成长，企业伦理的问题也出现了，比如网红直播带货频频出现的虚假宣传、产品质量低劣问题；一些店家线上点餐侵犯消费者隐私；网约车平台"杀熟"现象等。

二、互联网经济环境下的各种伦理问题

（一）侵犯消费者隐私问题

隐私，一为私，二为隐，前者指纯粹是个人的，与公共利益、群体利益无关，后者指权利人不愿意将其公开、为他人知晓。因此，隐私是指与公共利益、群体利益无关的私人生活和当事人不愿他人知晓或他人不便知晓的私密信息，当事人不愿他人干涉或者他人不便干涉的私密活动，以及当事人不愿他人侵入或者他人不便侵入的私密空间。

互联网经济时代下的隐私与传统隐私的最大区别在于隐私的数据化，即隐私主要以"个人数据"的形式出现，个人数据可以随时随地被收集，对保护个人隐私形成了巨大的挑战。每个公民在社会上的

一言一行、一举一动，都会被散布在各个角落的高清摄像头、动态传感器以及其他物联网设备时时刻刻盯梢、跟踪，这种监控的隐蔽性降低了公众的防备心理与抵触心理，使人在毫无察觉中被天罗地网包围，一切思想和行为都被迫暴露在"第三只眼"的全景监控之下。事实上，除了被这些智能装备实时采集数据之外，人们在日常生活中也会不经意地留下许多痕迹，在无意中暴露了隐私信息。如在使用百度、谷歌等搜索引擎时，只要输入关键词就会被其永久记录保存，长此以往，搜索引擎便可以根据这些关键词精确描绘出用户的身份特征和形象图谱，并依靠人工智能技术持续深挖算法为用户提供更满意、更人性化的服务，从而提高付费点击率以及广告转化率，给企业带来更多的商业价值。

诸如此类被记录的个人数据痕迹很容易被滥用，对隐私和个人信息构成严重威胁，带来无法挽回的影响甚至伤害。通过数据挖掘技术，在一个或多个数据库中的多条信息中寻找模式或联系，从而发现和提取更多潜在价值信息。此外，数据挖掘还可以预测个体未来的身体状况、信用偿还能力等隐私数据。例如，美国第二大超市塔吉特（Target）百货最近根据以往的购买资料发现一些顾客即将生育孩子，并"诡异"地估计出了婴儿的性别和预产期，这让相关顾客十分不安。

据悉，塔吉特会给每一位顾客分配一个会员身份号码，并与他们的姓名、信用卡或电子邮件地址等联系在一起，然后追踪并详细记录他们的购买活动，以及从其他来源获得的人口统计特征。通过研究以前注册过婴儿档案的女性的购买历史，塔吉特发现可以根据她们对25个产品类别的购买模式，为每位顾客进行"怀孕预测"。塔吉特根据这一预测，针对不同的孕期阶段，向准父母们发送含婴儿产品优惠券的个性化目录。

该战略看上去很有营销战略眼光——通过锁定准父母们，塔吉特可以伴随家庭发展周期将他们转化为忠诚的顾客。但是，当一位愤怒的男人出现在当地的塔吉特商店，抱怨他尚在高中读书的女儿居然收到了塔吉特关于婴儿床、学步器和孕妇装的优惠券时，该战略遇到了麻烦。"你们想鼓励她怀孕吗？"他质问道。该店经理赶紧道歉。然而几天后这位父亲却打电话来致歉，因为自己的女儿确实怀孕了，塔吉特的市场营销人员比这位懊恼的父亲更早地得知了他女儿怀孕的事实。这导致许多顾客担心塔吉特公司可能还追踪和收集了其他隐私。正如一位记者写道："这家商店的牛眼标识也许正发出银光，刺探购物者的一切。"[①]

康德哲学认为，当个体隐私得不到尊重的时候，个体的自由将受到迫害。而人类的自由意志与尊严，正是作为人类个体的基本道德权利，因此，大数据时代对隐私的侵犯，也是对基本人权的侵犯。

（二）知识产权问题

网络技术的发展，特别是共享文化的传播，对知识产权的保护构成了严重的威胁。网络经济出现的早期，出现许多以免费为噱头、打着各种免费口号的个人或是经济体来夺人眼球，使很多网络主体产生了网络信息可以免费获得的错误观点，网络经济中的恶性侵权、盗版行为十分泛滥；加上知识产权在网络平台上被复制粘贴拷贝十分便利，网络上的共享性对于拥有知识产权的经济体更容易造成的巨大的经济损失。网络经济下的知识产权侵权行为常见形式有以下几种：（1）未经许可将传统的版权作品进行数字化，制作成数字多媒体或数据库等并在网络上传播；（2）未经许可将数字化后的作品上传到网络；（3）在网页中使用受版权保护的图像或音乐作为背景；（4）未经许可下载或转载网上传播的作品并用于商业

---

①　科特勒，阿姆斯特朗．市场营销：原理与实践（第16版）[M]．北京：中国人民大学出版社，2015．

目的。

网络互相转载与互相链接非常普遍，有些网络公司没有原创内容，专门将其他网站的信息以超链接形式展现出来，尤其是新闻类网站。作为网络信息的传播中介，网络信息供应商们经常受到此类网络侵权指控。当前的网络知识产品盗版严重、非法复制泛滥，网络知识产权保护迫在眉睫。加强网络知识产权的保护，才能保证网络经济的健康发展。网络环境对知识产权保护提出新的问题，主要体现在版权保护领域，也就是对信息网络传播权的保护上。

（三）虚假信息问题

在网络这一新兴媒体中，发布信息不像在传统媒体上那样会受到那么多的制约。而且由于网络的虚拟特点，一般消费者即使在察觉到信息的错误以后，也很难向发信息的企业进行追究，甚至根本就不知道网络企业的地址。因此一些网络企业便表现得肆无忌惮，在网上发表各种各样的信息，或者制造出各种各样的新闻来吸引消费者或者创造所谓的点击率，以扩大自己的商业影响，谋求经济效益。

（四）商品品质问题

电子商务的发展，使网购几乎成为了人们使用最多的购物方式，它的好处就是，消费者能够坐在家里就可以掌握各种商品信息，点击鼠标便可以选择你自己急需的货物，还会有人把它们亲自送到你的手中。虽然，人们可以"宅"在家中足不出户，轻点鼠标就可进行网购，但由于交易过程的虚拟化，消费者事前无法看到商品实样和不能够当面交易，其中暴露出来的问题日益严重，有人称为"网络广告满天飞，货送上门面目非"。

据媒体报道，一位上海的张先生通过小红书购买了某卫浴商行线上销售的卫浴产品，总价值 6600 元。由于当时送达的产品包装完好，所以在收货时，张先生没有打开外包装检查里面商品数量和部件是否准确和齐全。直到安装师傅上门安装时，张先生才发现产品部件错发和漏发，导致无法正常安装。随后张先生向商家反映了情况，但问题却一直没有得到解决。于是张先生向消保委寻求帮助，在消保委工作人员多次与商家沟通协商下，商家才承诺将给消费者补发缺失零部件①。

（五）价格歧视问题

价格歧视实质上是一种价格差异，通常指商品或服务的提供者在向不同的接受者提供相同等级、相同质量的商品或服务时，在接受者之间实行不同的销售价格或收费标准。以大数据为依托的价格"歧视"，即利用用户数据，对老用户实行价格歧视的行为。随着消费者购买次数的增多，商家对其消费态度、消费偏好、消费规律越来越清晰，制定出更加"适合"消费者的价格。这不仅违反了价格平等原则，还抑制了电子商务市场的公平竞争②。

（六）数据垄断问题

新兴的数字平台企业在大幅改善经济运行效率、提高生活质量的同时，也会利用其资金优势、数据优势、技术优势排挤初创企业。一旦大数据企业形成数据垄断，消费者在日常生活中就不得不提供其个人信息情况。例如，当我们新下载一个 App 点击打开时，总会遇到

［专栏 7 -1］
网约车"杀熟"现象

---

① 施本允. 网购产品质量、外卖食品安全成投诉热点 ［N］. 中国消费者报，2022 - 07 - 04.

② 叶雄彪. 网络销售区别定价现象的法律应对 ［J］. 商业研究，2019（10）：144 - 152.

页面弹窗询问你是否同意"隐私协议"，如果点了不同意，则无法正常进入 App。无奈之下，用户最终也只能同意，丧失了对其个人信息的控制力。此外，为维持数据垄断地位，大型平台通常会采取措施限定交易相对人，在用户协议中规定平台数据全部归属平台，以及要求用户或第三方签订排他性条款等个人信息断流手段，阻碍中小企业对于大型平台拥有的个人信息进行合理利用的可能①②。国务院反垄断委员会专家咨询组前成员、深圳大学特聘教授王晓晔指出平台垄断行为所造成的社会危害性巨大，垄断一方面破坏了国内互联网公平竞争的市场秩序，侵犯了其他平台和平台内经营者的合法权益以及经营自由，阻碍平台上的中小企业发展；另一方面损害了行业生态健康发展，大企业依靠"弱肉强食"实现"赢者通吃"，导致大企业失去了创新的动力，小企业失去了创新的机会。如果不及时制止，将直接影响我国电子商务乃至整个互联网产业的国际竞争力③。自 2015 年以来，阿里巴巴集团为阻碍其他竞争性平台发展，维持、巩固自身市场地位，获取不当竞争优势，对平台内商家实施"二选一"垄断行为，禁止其在其他平台开店或参与促销活动。2021 年 4 月 10 日，国家市场监督管理总局根据《中华人民共和国反垄断法》第四十七条、第四十九条规定，对阿里巴巴集团作出行政处罚，责令其停止违法行为，并处以其 2019 年销售额 4% 计 182.28 亿元罚款④。

---

① 赵元元. 数字平台企业市场垄断的潜在风险及防范 [D]. 北京：北京外国语大学，2021.

② 曾彩霞，尤建新. 大数据垄断对相关市场竞争的挑战与规制：基于文献的研究 [J]. 中国价格监管与反垄断，2017（6）：8 – 15.

③ 遏制平台垄断乱象，立法将如何破局 [EB/OL]. http：//www. npc. gov. cn/npc/c30834/202104/f785c2689d784e14890961b5f6a1c60b. shtml.

④ 人民日报评监管部门处罚阿里巴巴：推动平台经济规范健康持续发展 [EB/OL]. https：//baijiahao. baidu. com/s? id = 1696618797308596999&wfr = spider&for = pc.

三、互联网时代企业伦理问题的解决思路

（一）营造网络时代合规的外部环境

近年来，我国数字经济迅猛蓬勃发展，新业态、新模式层出不穷。统计测算数据显示，2012～2021 年，我国数字经济规模从 11 万亿元增长到超 45 万亿元，数字经济占国内生产总值比重由 21.6% 提升至 39.8%①。不仅如此，数字经济还满足了人民群众美好生活的需要，尤其是新冠肺炎疫情期间，互联网平台"一站式"服务为消费者提供了极大便利。然而，侵犯隐私、虚假信息、价格歧视、不正当竞争、行业垄断等问题也越发凸显。我国政府从国家战略全局出发，加快建立相应的法律法规，加强执法和监督的力度，为中国互联网经济的持续健康发展营造公平环境。

《中华人民共和国电子商务法》已由中华人民共和国第十三届全国人民代表大会常务委员会第五次会议于 2018 年 8 月 31 日通过，自 2019 年 1 月 1 日起施行。该法总共七章，分别为第一章总则、第二章电子商务经营者、第三章电子商务合同的订立与履行、第四章电子商务争议解决、第五章电子商务促进、第六章法律责任、第七章附则。该法首次对电子商务行为做了法律规范，影响意义重大。

针对近年来，一些商家通过收集、分析个人信息，同一平台上的同一款产品或服务，对"熟客"报价可能要比新用户更高的现象，我国全国人大常委会会议第三次审议的个人信息保护法草案，对

---

① 我国数字经济规模超 45 万亿元占 GDP 比重 39.8% ［EB/OL］. (2022 - 07 - 04). https：//m. thepaper. cn/baijiahao_18872900.

"大数据杀熟"等问题作出规制。草案三审稿规定，利用个人信息进行自动化决策，不得对个人在交易价格等交易条件上实行不合理的差别待遇。草案三审稿还规定个人信息处理者通过自动化决策方式向个人进行信息推送、商业营销，应当同时提供不针对其个人特征的选项，或者向个人提供拒绝的方式。通过自动化决策方式作出对个人权益有重大影响的决定，个人有权要求个人信息处理者予以说明，并有权拒绝仅通过自动化决策的方式作出决定。草案三审稿对大型互联网平台和小型个人信息处理者进行了区分，规定大型互联网平台应当遵循公开、公平、公正的原则，制定有关个人信息保护的平台规则；授权国家网信部门针对小型个人信息处理者制定相关规则①。

围绕互联网经济密集出台监管政策。中共中央办公厅、国务院办公厅2021年初印发《建设高标准市场体系行动方案》，首次以中央文件明确要求"加强平台经济、共享经济等新业态领域反垄断和反不正当竞争规制"。2021年2月7日，国务院反垄断委员会制定发布《国务院反垄断委员会关于平台经济领域的反垄断指南》（以下简称《指南》），通过科学的规制框架强化威慑垄断行为，引导平台合法合规经营。2021年3月15日，国家市场监督管理总局制定出台《网络交易监督管理办法》，提出严禁平台强制"二选一"等强制举措，还针对虚构交易、误导性展示评价、虚构流量数据等新型不正当竞争行为进行了明确规制②。

（二）加强对企业家的管理伦理道德建设

企业家道德对企业的健康发展起着至关重要的作用。

第一，坚持马克思主义道德观的指导地位。社会主义道德是中国

---

① 我国拟立法禁止"大数据杀熟"［EB/OL］. https://t. ynet. cn/baijia/31285681. html.
② 遏制平台垄断乱象，立法将如何破局［EB/OL］. http://www.npc.gov.cn/npc/c30834/202104/f785c2689d784e14890961b5f6a1c60b.shtml.

共产党以马克思主义道德观为指导，领导中国人民在社会主义革命和建设中形成的道德，是社会主义精神文明的核心内容。社会主义道德既是社会主义物质文明建设的精神动力、智力支持，更是社会主义建设的思想保证。另外，传统儒商伦理精神对于现代中国企业家精神的构建具有直接的启示和借鉴意义。作为一个现代中国企业家应该自觉地去吸收并升华传统儒商伦理精神的精华，形成与中国国情相适应的、符合中国市场经济发展要求的企业家伦理精神。

第二，健全教育培训机制，把企业家培养工作和教育培训工作有机结合起来。立足于企业经济的产业特点、企业家的职业需求和知识结构的实际情况，有针对性地制订企业家培训计划，通过多种途径方式，灵活多样地对企业经营管理者进行培训、轮训和学历教育。

第三，在企业内部开展道德教育，建立学习型企业，对员工也进行伦理培训极为必要。伦理培训的目的在于使员工更好地理解企业伦理守则，掌握决策伦理分析的方法。企业还可以通过采取课堂讲授、案例分析、角色扮演、典型示范等多种方法对员工进行道德教育，加强员工对企业伦理道德的认识和自觉履行伦理道德规范[1]。

（三）加强企业诚信社会监督

"人无信不立"，数字经济时代同样如此。建立企业诚信社会监督机制，对于不诚信的企业要及时给予曝光，涉嫌欺诈的由司法部门依法惩治。报纸、广播、电视、网络等大众传媒是社会舆论的宣传者，要充分利用好这些传播媒介对企业家群体伦理道德的引导与监督作用，应积极宣传先进企业家的事迹，对诚信守法的企业家行为进行广泛的宣传，提高他们的社会地位，增强他们的社会知名度，对优秀企业家所在的企业也给予广泛的宣传。创造积极向上、健康进取的社

---

[1]　张红艳. 我国当代企业家的伦理道德建设研究 ［D］. 兰州：西北民族大学，2011.

会道德环境。

数字化大潮势不可当，数字给传统经济活动插上了科技的翅膀，开拓出一片经济新空间，其前景光明，但任重道远。政府、企业家、管理学家和广大消费者都要携起手来，共同努力，使数字经济这一新型经济形态蓬勃开展，促进中国经济的新一轮发展。

思考与实践

1. 互联网已经融入人们的日常生活，在这样的环境中，企业应该如何正确利用互联网技术？

2. 互联网经济环境下存在哪些伦理问题，举例说明。

3. 建设互联网经济时代企业伦理的路径是什么？

知识应用

知识应用7

公司治理中的伦理问题

学习目标

1. 了解公司治理的主要内容

2. 掌握董事会、高管薪酬、内幕交易、财务会计等存在的非伦理行为

3. 了解如何应对公司治理中的非伦理行为

引导案例

江苏宏达新材料股份有限公司（下文简称宏达新材）成立于1992年，主要生产高温硅橡胶系列产品，是国内最早涉足高温硅橡胶产品的企业之一。在2008年2月，宏达新材正式在深圳交易所上市，成为国内首家硅橡胶行业的上市公司。2015年6月，宏达新材因其董事长、总经理朱某某与股东上海永邦投资有限公司（以下简称上海永邦）、上海金力方股权投资合伙企业（以下简称上海金力方）合谋在信息敏感期进行股票减持、操纵股价等内幕交易问题，受到了证监会的立案调查。

在2014年11月17日，宏达新材发布了《城市之光投资进展报告》，称之前收购的城市之光偏离预期业绩，该报告披露的事项会对公司的经营状况产生影响，属于内幕信息，内幕信息敏感期为8月至11月20日。同时在2014年3月由于上海永邦与宏达新材签

订了"约定式回购"，截至 7 月底，上海永邦持宏达新材股票 6.35%，属于宏达新材的大股东。在报告未披露之前，朱某某告知上海金力方和上海永邦城市之光经营状况，称城市之光的经营状况将影响到宏达新材股价。由于朱某某间接持有宏达新材股票，为了趋利避损，协议与上海永邦进行配合操纵股价。在同年 9 月，经朱某某居中介绍，上海金力方将所持的全部股票出售给上海永邦。上海永邦将买入上海金力方出售的 600 万股票，在公司账户之间进行交易操纵股价。

在 2014 年 8 月至 12 月，上海永邦利用实际控制的 56 个账户操纵宏达新材的股票，使宏达新材从年初的 4 元上涨到年底的 11 元左右。在此期间朱某某一直为上海永邦提供宏达新材重组进展报告和重组计划等内幕信息，并且将通过减持获得的部分资金转给上海永邦用于操纵股票。2016 年 3 月，证监会公布对宏达新材内幕交易事件调查结果，并对朱某某、上海永邦、上海金力及主要负责人下发了《行政处罚决定书》。

资料来源：贺准男．大股东与高管合谋掏空行为研究——以宏达新材内幕交易为例［D］．广州：广东财经大学，2017.

思考：您认为内幕交易是伦理行为吗？为什么？

从案例中可看出，大股东与高管利用内幕信息进行股价操纵，待股价抬升后进行套现的行为不仅导致公司后期的业绩和投资受阻，也严重扰乱了资本市场，使其他投资者的权益受到损害。股东、董事会和高管层作为公司关键人员因其权力和责任不完全相同，所须遵守的伦理要求也各不相同。在此之前，需要对公司治理的概念及公司治理中可能出现的伦理问题进行大致了解。

一、公司治理概述

公司治理（corporate governance）是指一家企业接受统治、指挥、管理或控制的方法以及企业接受统治的目标。从公司治理的内容出发，主要是公司权力的分配与制衡，即在股东、董事会、管理人员和雇员之间如何分配权力并进行制衡的组织结构安排及机制的安排，保证公司利益最大化。在这里，我们提到了 4 个主要集团是股东、董事会、管理人员和雇员。

根据公司法，股东（share older）是公司的所有者。作为所有者，股东拥有公司的最终控制权。这种控制权主要表现在选举公司董事会的权利。一般而言，每个股东权力的大小是由其所持有的公司股票的数量多少决定的。

由于大公司有成千上万个股东，这些股东就要选举一个被称为董事会（board of director）的小集团，以管理与监督公司的管理人员。董事会要对管理层把所有者（即股东）的利益放在第一位负责。在职权层次中的第三个主要集团是管理人员（management）。这一集团由董事会雇用的个人组成，具体对公司日常的经营与管理负责。最高层管理人员与董事会一起确定公司的总体政策。中低层的管理人员执行公司的政策，并且对工作雇员进行监督。雇员（employee）是那些被公司雇用来从事实际操作工作的人。管理人员也是雇员，但在这里的探讨中，我们使用的雇员这一术语指的是非管理人员的一般员工。

在前公司时期，企业的所有者也就是企业的管理者。因此，企业体制能够按照所有者的意图来运转。随着公众公司的成长与股权的极度分散，所有权与控制权分离成为一种普遍情况。股东拥有公司，而经理人则控制着公司。这种现象产生的原因在于，成千或成千上万个持有上市公司股份的股东根本无法聚集起来完成对公司日常经营的决策。因此，公司聘请经理人来做公司的日常经营决策这项工作。经理人的行为势必会影响到多个利益相关者群体，包括股东（所有者）与债权人、公司的顾客、供应商与雇员，当然还包括经理人自身。

公司所有权与控制权的分离带来了一个问题。即公司的高管为什么要为公司的所有者操心呢？高管可能在追求刚好使得股东满意利润的同时，寻求以补贴、权力或名声为形式的自我满足。这种情况被称为委托—代理问题或代理问题。所有者是委托人，为所有者工作的高管则是代理人。举例而言，自利的高管行为包括如下几点：偷懒（亦即不努力工作）；雇用自己的朋友；过度消费额外补贴（如置办豪华的办公家具、使用公司汽车与偏好大的费用账户）；建设公司帝国（即使公司的规模尽可能的大，虽然这样有损公司的每股股票价值）；慎重行事以避免被解雇；并且如果高管临近退休，其行为通常也会较为短期化。

解决这项问题的方法可以归结为两种，即激励与监督。激励在于将公司经理人的财富与股东的财富绑在一起，这样公司高管与股东的想法即会趋于一致。这被称为根据股东的要求来调整公司高管的激励。第二种解决方案则在于建立监督高管行为的机制。本章后面部分将会讨论激励与监督中可能面对的伦理困境。

二、董事会中的伦理问题及治理

（一）董事会的职责

如上所述，由于所有权和控制权相分离，潜在的治理问题是构建公司体制。成立董事会的目的是以所有者的名义对管理者进行监督。

董事会的职责是什么？总体而言，董事会主要具有以下五项职责：（1）雇用、评价甚至解雇高层管理人员，其中最重要的是对经理人作出评价；（2）通过投票决定重要的经营性提案（如大额资金的支出与并购）；（3）通过投票决定重要的财务性决议（如股票与债券的发行、股利支付与股票回购）；（4）向公司管理层提供专业性建议；（5）确保公司的经营活动与财务状况被准确地披露给股东。

在其执行以上所有职责的过程中，董事会常常被认为能够代表股东的权利，责无旁贷地承接了对全体股东的道德责任。因此，董事会在公司治理中担负着极其重要的作用。董事会位于公司组织结构的顶端，其亦因此被认为是公司最重要的内部监督者。虽然董事会在公司内部担负的角色似乎能够使得股东的权利得到保证，但在实际中，董事会还是存在一些问题。这些问题主要包括了由于董事会缺乏独立性，从而导致了董事会对公司战略决策参与度较低以及对高层管理者监管力度不够等问题。

公众普遍认为，如果一个董事会拥有较高比例的非内部人（或被称为外部人或独立董事），则该董事会将会更高效地监督公司管理层。例如，董事会的基本职责之一在于对经理人进行评价，以决定其报酬或决定是否解雇该经理人。如果董事会的基本成员为该公司的财务总监、经理人的朋友、经理人的亲戚以及经理人的商业伙伴，则董事会会起到怎样的作用呢？董事会很有可能不会解雇业绩较差的经理人。因此，股东与监管人员通常认为外部董事在评估公司管理人员方面会显得更为客观。

然而，在现实中保持董事会的独立性经常是较为困难的。对很多公司而言，其董事会主席同时亦担任着公司的经理人。即使经理人并非董事会主席，其亦不一定会处在一个更为严厉的监控之下。虽然大多数董事会拥有很多的外部董事，就像我们先前所提到的那样，大多数这些所谓的外部董事也许与公司的经理人有着某些商业上的或个人的联系。在我们开篇案例中，董事会成为大股东与高管掏空宏达新材的帮凶。2012 ~ 2015 年，宏达新材的董事会结构按照《公司法》《上市公司治理准则》等法律法规设立，独立董事占董事会成员三分之一及以上的比例参与公司的经营管理决策。在结构形式上达到国家相关法律法规的规定，但宏达新材的独立董事是否真正发挥其监督作用，独立地参与公司生产经营管理呢？

独立董事之一罗某某在任职期间还担任宏达新材副总经理一职，根据独立董事任聘制度，受雇与公司或者其关联公司人员，均应被排斥于独立董事范围之外。罗某某的聘用无异于违反了公司内部管理制度，而且罗某某与朱某某同事多年，也不利于保持其独立性。同时根据宏达新材数年的年度报告，对当年公司的董事会决议及非董事会议案事项，独立董事均未提出任何异议，甚至对朱某某信息披露的延时性及与杨某某联合操纵股价，也未提出任何的异议或改进建议。足以说明，宏达新材的独立董事制度形同虚设，根本不能有效履行独立董事参与管理、监督、建议董事会决议的职责。2012 ~ 2014 年，宏达新材董事会任职人数中控股股东江苏伟伦占据将近三分之一，其中就包括了朱某某和其子朱某伟，而其他董事大多是来自学校教授，对宏达新材的经营管理参与活动参与度不高。因此，在独立董事形同虚设、其他董事的不积极参与公司经营管理活动的情况下，朱某某控制着宏达新材整个董事会，掌控公司的经营决策权。宏达新材的董事会沦为朱某某操纵上市公司的道具，宏达新材的经营决策成为朱某某的"一言堂"，为大股东与高管明目张胆地利用内幕交易转移公司利益到自己手中提供了完美的操控渠道①。

（二）治理对策

比尔·乔治（Bill George，2002），认为要确保建立恰当的、符

---

① 贺准男. 大股东与高管合谋掏空行为研究——以宏达新材内幕交易为例［D］. 广州：广东财经大学，2017.

合道德的公司治理体制，董事应该遵守 10 条原则①。

（1）标准：应该具有由独立董事制定的公开的治理原则。

（2）独立：董事会应该确保其独立性，董事会的大部分成员应该是独立的。

（3）选举：不仅应该根据候选人的经验或在其他公司的位置，而且应该根据候选人的价值结构来选举董事会成员。

（4）董事会的公司治理与提名委员会应该由独立董事组成，以确保独立的一致性。

（5）秘密会议：独立董事应当定期进行秘密会议，保持其沟通信息的真实性和可信性。

（6）委员会：董事会必须有独立的审计和财务委员会，并且由在这些领域有广泛专业知识的董事会成员组成。

（7）领导力：如果经理人和董事长是同一人，那么董事会选举出一名与之相互制衡的首席董事，这就十分关键。

（8）外部专家组成的薪酬委员会：董事会应该在高层管理者薪酬方案方面寻求外部指导。

（9）董事会文化：董事会不仅应该把握机会，而且应提倡发展一种能接受质疑与差异化的董事会文化。

（10）责任：董事会应该意识到自身为公司长远发展考虑以及通过恰当的治理程序控制管理者的责任。

董事会为了保护公司的长期可持续性，可以阻止高管的某些不道德行为。不道德行为会给企业的利益相关者，比如消费者或雇员带来负面影响，与此同时这些利益相关者反过来也会给企业带来负面影响，并最终可能导致企业的破产，但是好的治理也可能会带来相反的效果。实际上这就是董事会的责任，即通过阻止不道德的行为来保护公司。

---

① 哈特曼．企业伦理学：中国版［M］．北京：机械工业出版社，2015．

三、高管薪酬中的伦理问题及治理

（一）高管薪酬激励

高管们的行为势必会影响到多个利益相关者群体，包括股东（所有者）与债权人、公司的顾客、供应商与雇员，当然还包括高管自身。一个优秀的高管应该将其他利益相关者的需要置于其自身的需要之前，但人的本性却有可能促使高管们将自身的利益放在首位，如偷懒、过度扩大公司规模等。为了确保经理人不以这些方式行动，可以给予他们合理的金钱激励。公司经理人的报酬由许多不同的部分组成，其中之一是基本薪水，包括养老金、额外补贴。此外，高层管理者还可能会得到与财务绩效相挂钩的奖金。最后，经理人可能会通过长期激励项目而获取额外的财富。这部分报酬通常则是以股票期权的形式发放，旨在奖励经理人为了提升公司股价而作出的贡献。此外，股票赠予是另外一种常见的激励方式。

高额薪酬能对高管的经营业绩提供一种激励与奖励。从道德伦理看来，当高薪作为鼓励高管创造更好的整体业绩的一种激励时，它所发挥的就是一种功利实用性的作用。而且根据个人的业绩与应得来支付薪资是一个道德原则问题。然而，在现实中不少高管们在企业经营不善甚至出现亏损的情况下仍旧拿着高薪酬，即薪酬与业绩具有较低或者非相关性。

另外，企业高管通常由于具有较高的人力资本水平，承担较重的工作任务和职责，从而应当获得比普通员工更高的薪酬水平。而且加大经理人与其他组织成员之间的薪酬差距可以有效地降低委托人对代理人的监控成本，并对委托人和代理人之间的利益的一致性提供了强有力的激励，促进公司绩效的提高。但是在很多时候，高管的高薪、高管与普通员工薪酬差距的扩大，没有成为激励企业发展的因素，反而滋生员工明显的不公平感，不仅影响员工的工作满意度和工作绩效，也影响到整个社会的稳定。方军雄（2011 年）以 2001～2008 年中国上市公司作为样本研究企业内部薪酬变动的机制，结果发现：业绩上升时，公司高管获得了相比普通员工更大的薪酬增幅，而在业绩下滑时高管的薪酬增幅并没有显著低于普通员工；业绩上升时，高管薪酬业绩敏感性显著大于普通员工，业绩下降时，高管薪酬存在显著的粘性特征，普通员工薪酬并不存在粘性特征，而且业绩下降时高管薪酬业绩敏感性相比业绩上升时薪酬业绩敏感性的减少幅度显著超过普通员工薪酬业绩敏感性的减少幅度①。

　　从公司治理的角度看，这种薪酬与绩效之间不挂钩、薪酬方案对业绩未产生激励作用，可能证明公司董事未履行其职责以及高管层中的非伦理问题。公司董事的受信责任应包括批准足以产生激励作用的高额薪资。高管为维护高薪酬可能作出一些非伦理的行为：首先，内部人控制、高管与董事会成员利益勾结等，比如，需要被评估、支付薪资的高管人员与董事会主席是同一个人。董事会成员是由高层管理者自己任命等，这些都可能会导致高管层为自己炮制的过高薪酬方案能够顺利出炉。卢锐（2007 年）研究发现管理者权力越大的公司，其高管与员工之间的薪酬差距越大②。其次，注重短期收益。为了提高当前财务利润，经理人可能会放弃那些能够使公司在将来更具盈利性，但现在却需要高投入的研发活动。对股票期权的过度依赖薪酬方案也可能造成反激励作用。当管理层薪酬和股票价格联系在一起时，就会诱导高管人员过度关注股票的短期价值，而不注重公司的长期利

①　方军雄. 高管权力与企业薪酬变动的非对称性［J］. 经济研究, 2011 (4)：107－120.
②　卢锐. 管理层权力、薪酬差距与绩效［J］. 南方经济, 2007 (7)：60－70.

益。最后，谎报财务报告。当高额的薪酬依靠于年度报告时，高管人员就会有强烈的动机来操纵这些报告。如果某一年的临界利润指标无法达到，则经理人即会将当年的收益移到下一年去，这样在制订下一年的奖金计划时，人们即可能降低对公司业绩的期望值，从而人为地增大了经理人获得奖金的机会。简而言之，经理人可能会将过多的精力放在操纵公司的短期收益之上，而不是将精力放在公司的长期收益与股东财富之上。

（二）治理对策

伦理视角下人力资本分配行为的治理。第一，公司是市场的组成部分，其行为影响着市场，同样市场也反作用于公司行为。公司非伦理分配行为的存在与市场整体的伦理环境有着密切的关系，因此，伦理环境的建设必须从伦理氛围的形成做起。一方面，必须切实推进我国伦理文化建设，在社会中形成一种伦理约束的无形力量。另一方面，公司应将全面伦理管理纳入战略的范畴，将伦理道德建设融入公司的日常经营活动中，形成以伦理为本位的公司文化，促使公司对伦理的态度由消极向积极转变，推进公司伦理气氛由自利型向遵守道德规范型转变。

第二，确保薪酬委员会的独立性。首先，薪酬委员会委员理论上应全部为独立董事，除从公司取得董事报酬外，不应与公司有任何的商业利益关系或与高管有任何的亲属关系。其次，也可以将薪酬委员会的隶属机构变更为监事会，这样不仅与监事会监督的职责不谋而合，也可以更有效地防止高管对薪酬委员会施加压力，影响其独立性。最后，薪酬委员会中应引入职工董事。高管薪酬与职工的公平感息息相关，职工有权也应该参与有关高管薪酬制定的决策过程，通过参与过程保持职工与管理层之间良好的沟通，也给职工提供利益诉求的渠道①。

第三，建立公开透明的企业信息系统。信息系统的建立可以加强对经理层行为的识别。管理信息系统的建立使企业经理层的经营决策等各种活动被客观地记录下来，其经营的成效也能快速地反映到信息系统中，于是经理层的行为变得更易识别，大大减少了代理人的道德风险。信息系统的建立还可以降低监督成本，信息系统的规范要求使企业内外部的监督相对容易。

第四，建立损失补偿和成本承担机制。目前，很多企业对职业经理人实行了年薪制、股票期权制以及岗位工资制等多种和激励措施，但是缺少相应的约束措施，使得经理层的责、权、利三者不统一。企业应该尽快地建立补偿基金，并不是将所有的年薪全部发给经理层，而是将年薪中的一部分提出来作为补偿基金，当经理层完成合同后，再将这部分补偿基金发给经理层。如果经理层未完成合同规定的目标，相应地扣发部分补偿基金，作为对损失的补偿。通过这种方法可以使经理层的收入与其经营的业绩表现联系起来。只有使经理层对自己造成的损失承担责任，才可以激发他们趋利避害，尽心尽力地完成合同规定的目标任务②。

四、内幕交易的伦理问题及治理

（一）内幕交易的伦理问题

我国《证券法》中将内幕交易定义为"拥有证券交易内幕信息

---

① 李智彩. 公司人力资本分配问题及其治理——基于伦理视角 [J]. 商业会计，2014（7）：102 - 104.

② 刘爱军，钟尉. 商业伦理学 [M]. 北京：机械工业出版社，2016.

的知情人以及非法获得内幕信息的交易者，利用内幕消息从事证券交易活动并获取超额利益的行为"。内幕交易形成的两点重要因素即内幕信息和内幕人员。在市场交易的过程中，涉及上市公司并购重组、经营状况等重大信息，可以视为内幕信息。信息的不对称是内幕交易行为产生的最重要因素，是否利用内幕信息进行违规交易是认定内幕交易的主要衡量标准。中国证券法中关于内幕人员的规定，将内幕人员分为如下四类：公司内部人员、政府管理内幕人员、机构第三方、通过非法途径获取信息的人。

和内幕信息相关的伦理问题是个人可能会在作为公司成员时利用这些信息，这个问题会引发两个方面的难题：一个难题是公司内部人员会以公司的利益为代价，利用内幕信息牟私利，这被称为利益冲突。内幕人员作为典型的"经济人"，将自身利益得到最大的回报作为目标。为了实现这一目的，他们会动用所有有利条件趋利避害，从事信息获利的交易。在开篇案例中，朱某某作为宏达新材的总经理，具有信息优势，同时朱某某又作为宏达新材控股股东江苏伟伦的第一大股东，知悉重组变化会损害到个人利益，因此趋利避害的目标与大股东上海永邦达成一致。另一个难题是公司内部人员会利用内部信息来获得公司外部人员所不具有的个人优势。在开篇案例中，大股东与高管利益内幕交易的掏空方式侵占了中小股东利益。宏达新材内幕交易事件一经曝光，引起了市场的强烈反应，同时，公司利润已被大股东掏空，宏达新材截至 2015 年 9 月 30 日净利润已亏损 3629.80 万元，公司的经营业绩和公司价值一落千丈，连带资本市场上公司股价也随之跌落，从 8 月的 8.93 元跌至 5.77 元，导致中小股东受到侵害，挫伤了投资积极性[①]。

我国最早关于证券内幕交易的立法，是 1990 年 10 月中国人民银

---

① 贺准男. 大股东与高管合谋掏空行为研究——以宏达新材内幕交易为例 [D]. 广州：广东财经大学，2017.

行发布的《证券公司管理暂行办法》第十七条，之后是《上海市证券交易管理办法》第三十九条、第四十二条，《深圳市股票发行与管理暂行办法》第四十三条。1993 年 4 月 22 日国务院发布《股票发行与交易管理暂行条例》，以行政法规的方式正式对内幕交易进行法律规制。该条例不仅对内幕交易及其法律责任做了初步规定，并将禁止范围拓宽到全国。同年 9 月 2 日，国务院证券管理委员会经国务院批准发布《禁止证券欺诈行为暂行办法》，进一步对内幕交易做出明确具体的规定。之后，《刑法》《证券法》《上市公司信息披露管理办法》《股票上市规则》等多部法律规章均从不同的角度对内幕交易进行了具体的规定。人们以内幕信息获取利益，忽视因自身行为对其他社会成员造成的"不公平"，是一种道德责任缺位的表现，是值得每一个社会人排斥和摒弃的[①]。

（二）治理对策

对于内幕交易行为的治理对策。第一，提高内部人职业道德，完善公司内部治理。一方面，公司制定严格的审查制度，提高内部人员的职业道德，同时，内部人员需要有自律意识和职业道德操守，明晰内幕交易对公司、个人以及整个证券市场带来的危害。另一方面，上市公司应当根据委托代理理论，执行经营权与所有权的分离，一人一职结构，避免身兼数职控制公司的总体运营。

第二，优化企业信息披露制度，提高信息披露效率。在有效运行的资本市场上，信息至关重要。内部人利用信息优势进行内幕交易，将会破坏市场的"公平、公正、公开"原则，通过操纵股票价格的波动影响公司价值。而在"一人独大"的公司，实际控制人往往会利用信息披露的延时性，利用信息进行各项操作。

---

① 王卉. 内幕交易的相关伦理学分析 [J]. 企业导报，2013（10）：162.

第三，加强执法力度。监管部门应该加大对上市公司的监控，尤其是在并购重组或者定向增发等重大事项上加大执法力度，比如对股价异常波动的监督。对资本市场和中小投资者造成严重后果的内幕交易行为，监管部门可以加大惩罚力度，提高违规成本，比如剥夺相应的权利和职位，与刑法相结合进行刑事处罚，从根本上遏止内部人员再次进行内幕交易。

五、财务舞弊及治理

财务舞弊通常指财务报告舞弊。具体而言，财务报告舞弊主要包括三种形式：（1）对编制财务报表所依据的会计记录和凭证文件进行操纵、伪造或篡改；（2）对于财务报表相关的事项、交易或其他重要信息的错误披露或蓄意忽略；（3）滥用会计政策以影响金额、分类、表达方式或披露。《中国注册会计师审计准则第1141号——财务报表审计中对舞弊的考虑》指出舞弊是指被审计单位的管理层、治理层、员工或第三方使用欺骗手段获取不正当或非法利益的故意行为。由此可见，财务舞弊就是舞弊者通过一系列不正当手段粉饰企业财务报告，欺骗财务报告使用者，使其作出不正确的判断或决定，从而给舞弊者带来经济利益、给他人造成损害的故意行为。按照实施舞弊的手段可以将公司财务舞弊行为分为两大类：一是财务报表造假，二是表外信息违法违规披露。前者指有目的地操纵资产负债表和利润表，通常表现为夸大资产或减少负债，不恰当的收入确认、虚列费用、多计资产减值准备、虚构投资损失等；后者指错误、不充分的信息披露或披露遗漏，通常包括错误地披露关联交易或隐瞒、遗漏关联交易，以及瞒报股权质押、法律诉讼、对外担保等重大事项。

（一）财务舞弊的动因

1. 冰山理论（二因素理论）

冰山理论将公司财务舞弊动因分为两大类：舞弊的结构因素和舞弊的行为因素。如果说财务舞弊行为像是一座冰山，舞弊的结构因素就是露出海平面的冰山一角，相对而言更加客观化、表象化，主要体现为组织管理方面的问题，如组织目标、技术状况、等级制度等；舞弊的行为因素就是潜藏在海平面下的部分，是更为主观化、个性化的内容，这些行为被刻意掩饰，因而更加危险，必须多加注意，主要包括行为人的态度、感情、价值观等①。

2. 三角理论（三因素理论）

该理论认为造成财务舞弊的因素来自三方面：压力、机会、合理化借口。压力因素也称动机，是舞弊行为的驱动器，主要包括财务压力、不良习惯压力、工作压力等；机会因素主要包括内部控制制度不完善、信息不对称、会计政策不健全、缺乏惩罚措施、难以评价工作质量、缺乏审计轨迹等；借口因素是舞弊当事人为自己行为进行辩护以求得道德上的慰藉，常见的借口有"这是企业欠我的""我只是暂时借用这笔钱，以后会归还的""没有人会因此受到损害"等。舞弊三角理论强调只有三大舞弊因素同时存在时，舞弊行为才可能发生②。

3. GONE 理论（四因素理论）

GONE 理论认为贪婪（greed）、机会（opportunity）、需要（need）

---

① 任朝阳. 中国上市公司会计舞弊识别与治理研究［D］. 长春：吉林大学，2016.
② 卢涛. 我国上市公司财务报告舞弊行为识别及其监管研究［D］. 大连：东北财经大学，2013.

和暴露（exposure）四个因素紧密联系，相互作用，并最终决定了财务报告舞弊风险程度。其中，贪婪和需要属于舞弊者个人的因素，机会和暴露属于组织环境因素。"贪婪"与个人道德水平低下有关。"需要"构成了舞弊行为的动机。"机会"是实现舞弊行为可能性的途径与手段，通常与舞弊者在组织中掌握一定权力有关。"暴露"包含两层意思：一是舞弊行为被发现、揭露的可能性；二是舞弊行为暴露后对舞弊者惩罚的性质和程度，该因素会影响舞弊者对舞弊成本和效益进行权衡。具体而言，管理层的贪婪表现为追逐尽可能多的分红、提高奖金报酬或为上市公司获得配股、增发机会从而间接实现个人利益等，这种贪婪会转化为对财务报表进行舞弊的需要，而管理当局在拥有对财务报表的编制权和信息不对称的相对优势的机会下，会考虑审计师和其他博弈主体发现其舞弊的可能性及舞弊暴露后的惩戒，当他认为舞弊收益大于成本时，舞弊行为必然发生[①]。

4. 舞弊风险因子理论（多因素理论）

舞弊风险因子理论是在 GONE 理论基础上发展起来的，被认为是迄今最完善的财务舞弊动因理论。该理论认为财务舞弊因子分为一般风险因子和个别风险因子。一般风险因子由组织或机构可以控制的因素组成，包括舞弊机会、舞弊被发现的可能性或舞弊被发现后受处罚的性质和程度；个别风险因子属于组织或机构不可控的因素，主要由当事者的道德品质和动机构成。当所有风险因子结合在一起并当事者认为舞弊收益大于舞弊成本时，舞弊行为就会发生[②]。

---

① 连竑彬. 中国上市公司财务报表舞弊现状分析及甄别模型研究 [D]. 厦门：厦门大学，2008.

② 李秀枝. 我国上市公司财务报告舞弊特征及识别研究 [D]. 徐州：中国矿业大学，2010.

（二）治理对策

第一，加大执法力度。财务造假是资本市场的一颗"毒瘤"，不仅侵蚀着市场的诚信，也严重损害了投资者的利益，必须重拳出击，加大执法力度，正本清源，让市场参与者产生敬畏之心。2020 年 3 月实施的新《证券法》从加大惩处力度、提高投资者的权利救济范围等方面入手，进一步提升失信所面临的各项风险。相比之前 60 万元的顶格惩处，千万级别的罚款、实控人牢底坐穿的风险，是对严重财务造假行为最严厉的制裁。在认定行政责任的同时，新《证券法》还创设了中国特色的证券集体诉讼制度，因财务造假蒙受损失的投资者可通过投资者保护机构参加证券民事赔偿诉讼。巨额赔偿提高了造假成本，不仅中小投资者合法权益的维护和保障更有底气，未来上市公司造假的成本也是水涨船高。

第二，加大对公司财报审计机构的责任追究力度。财务造假和部分保荐承销、审计评估、法律服务等中介机构及其从业人员丧失职业操守，没有发挥好"看门人"作用有关。部分中介机构收了费用就对财务造假行为睁一只眼闭一只眼，甚至有的还充当帮凶。对这种行为必须连带惩处，必要时可以淘汰一批中介机构，对有污点的从业者取消执业资格。只有出重拳，才能净化市场环境，让中介机构走到勤勉尽责的正路上来①。

第三，企业管理层应当立足于更加长远的目光，综合考虑企业盈利、社会声誉、长期的投资回报率等多种因素设定科学合理的财务管理目标。在该目标的制定过程中，企业不仅应当将企业自身利益考虑进来，更应当将股东、债权人、政府、供应商、员工等多方利益集体

---

① 本报评论员. 打击财务造假　净化市场环境［N］. 证券时报，2020 - 04 - 27.

纳入目标制定范围内①。在监管的重压下，上市公司实控人和董事会应该清楚地知道，说假话、做假账只能欺骗一时，最终伤害的还是企业自身发展，得不偿失；只有讲真话、做真账，严格按照规定信息披露，不触碰财务造假、欺诈发行的高压线，让投资者看得见、看得清上市公司，突出主业，做精专业，弘扬企业家精神和工匠精神，凭竞争力吃饭，才能提高企业质量，在市场上立于不败之地③。

思考与实践

1. 现代董事会的主要伦理问题是什么？要改善这些问题，董事会应该做哪些改革？

2. 高管为了维护高薪水平将可能作出哪些非伦理行为？

3. 什么是内幕交易？并对其进行伦理分析。

知识应用

知识应用8

① 黄明. 关于管理层财务舞弊的商业伦理探讨——以辉山乳业为例 [J]. 金融经济，2019（14）：133 – 134.

伦理型领导与文化

学习目标

1. 掌握伦理型领导、企业文化的内涵
2. 理解企业文化如何影响企业伦理决策
3. 理解企业领导对塑造企业文化的作用

引导案例

文化之一:"只能成功"——诱人做假

安然公司副董事长克利福德·巴克斯特(Cliff Baxter)去年 5 月悄悄辞职,在受到一番赞扬之后默然离去。他同时也带走了出售他 10 年来在休斯敦的这家大型贸易公司积聚起来的股票所得的数百万美元。他在安然公司所任的最后一个职务是副董事长。像安然文化的其他许多方面一样,这种表象与现实并不相符。安然公司的内部人士称这一职务为"弹射座椅"。也就是该公司的上层管理者在被迫辞职之前暂坐的位置。这是安然公司的"赢者获得一切"这种文化的缩影。该公司离任的和现任的一些雇员说,保持安然股价持续上升的压力,诱使高级管理者在投资和会计程序方面冒更大的风险,其结果就是虚报收入和隐瞒越来越多的债务,安然成为了"一座用纸牌搭成的房子"。

文化之二:"只重结果"——人被轻视

安然公司是一个"炼人场",那里的经理为年岁的增长而忧愁,担心上司认为他们太弱。有些人还担心，对董事长最看好的候选人给予得不够多，可能使自己的事业前途多舛。有些人甚至从要求他们对"联合之路"组织提供大量捐款的信中嗅出了威胁的味道。前安然公司雇员萨莉·艾森（Sally Eisen）说："今天你受到了青睐，明天就可能落魄。这取决于谁得势，谁失势。很多人希望继续留在安然，为此，他们会去做所能做的一切，包括损害公司利益。"安然公司的一些前高级负责人指出，对高级管理人员来说，他们的升迁往往取决于争夺对公司的战略及将来控制权的高层斗争的结果。全球变化同仁公司的彼得·富萨罗（Peter Fusaro）说，安然公司如果不再需要什么人，这些人就会被取代。报告引用了该公司的一项年度报告中的一句话——"我们只重结果。"

资料来源：斯蒂芬斯. 畸形文化导致安然公司毁灭［N］. 人民邮电，2003 - 10 - 24.

思考：您认为安然公司倡导的是一种怎样的文化？这种文化对于安然公司的毁灭有怎样的影响？为什么会产生这种影响？

近年来，企业过度追求经营利润，置顾客、社会利益于不顾，各类商业丑闻频繁发生，如大众集团因其柴油机排放丑闻被禁止入选 2016 年度"沃德十佳发动机"、2015 年电子业巨头东芝承认虚报利润超 20 亿美元等，给组织声誉带来重创[①]。另一方面，组织雇佣关系恶化，内部员工人心涣散，如 2016 年末民生银行北京分行某副总"以工作之名性骚扰女下属"，事件持续发酵，影响恶劣。无论是商业丑闻还是雇佣关系恶化，再次揭露了企业领导或管理者伦理价值观对商业决策和员工关系所产生的重要影响。组织高层领导作为组织经

---

① 李建玲，刘善仕. 中国企业伦理型领导的结构特征、伦理渗透与伦理反思——基于 Z 公司的案例分析［J］. 管理案例研究与评论，2017，10（3）：262 - 276.

营发展的掌舵者，在面临公司重要决策时所作出的伦理选择，直接关乎企业命运；在组织中，基层领导作为组织经营发展的组织者和协调者，在处理内部关系时所表现出的伦理行为直接决定了员工对组织的认同和支持程度①。

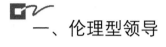

一、伦理型领导

（一）伦理型领导的内涵

关于伦理型领导的界定，哲学家最早从规范的视角回答"什么是伦理型领导"，特别是伦理型领导应该如何行为。恩德勒（Enderle，1987）指出领导行为应该包括：感知、解释并创造现实，考虑自己决策对他人的影响，并且对企业目标负责等②。凯南格等（Kanungo et al.，1998）认为，领导者对所有的利益相关者（消费者，员工，政府等）负有伦理责任。领导者要在组织内形成伦理环境，使自己以及下属成为有道德的人③。布朗和特雷维诺（Brown & Trevino，2005）指出伦理型领导是通过个人行为与人际间关系的一种规范适当行为的展现，以及在追随者间透过双向交流、强化与决策过程对上述行为的提升④。

---

① 李建玲，刘善仕. 中国企业伦理型领导的结构特征、伦理渗透与伦理反思——基于 Z 公司的案例分析［J］. 管理案例研究与评论，2017，10（3）：262 – 276.

② Enderle G. Some Perspectives of Managerial Ethical Leadership［J］. Journal of Business Ethics，1987，6（8）：657 – 663.

③ Kanungo R N，Mendonca M. Ethical Leadership in Three Dimensions［J］. Journal of Human Values，1998，4（2）：133 – 148.

④ Brown M E，Trevino L K，Harrison D A. Ethical leadership：A Social Learning Theory Perspective for Construct Development［J］. Organizational Behavior & Human Decision Processes，2005，97（2）：117 – 134.

在这个定义中，伦理型领导包括两大支柱：第一，道德的个人（例如：廉正、关心他人、正义、值得信任）；第二，道德的管理人（例如：交流、奖惩，强调道德标准，道德行为模范）。如果领导是道德的管理者，但不是道德的个人，他们将会失去内外部利益相关者的信任，被视作伪善领导者。如果领导是道德的个人，但是不是道德的管理者，他们是伦理的沉默者。如果两者都不符合，则是伦理中立的领导，他们没有在重要的伦理场域展现领导行为，员工也不是很确定这些领导者对于伦理的看法，不知道他们是否关心伦理问题[①]。

（二）中西方伦理与企业伦理的差异

1. 中西方伦理的差异

中西方伦理的差异主要包括价值取向不同，对人性假设不同，利己与利他行为不同三个方面：

（1）价值取向不同。中国传统文化中的伦理与西方自古希腊以来的伦理传统存在差异。在古汉语中，伦理指人伦之理，是指人伦交往中应当遵守的规则。中国传统社会的结构是家国结构，血缘和姻缘关系始终是主导性的社会关系，对这种关系的维护也就成了道德的核心要求。所以中国人在道德上的二元性、等级观念就显得特别突出。由于等级观念的存在，在中国伦理中人是一种从属关系，追求集体价值的取向，期望与他人和自然可以和谐相处，强调"整体利益大于个人利益"的伦理观。这种以集体主义为核心的价值观强调共同利益，对中国的文化产生了深远的影响。而西方伦理不同，它更追求个

---

① Treviño L K，Hartman L P，Brown M. Moral Person and Moral Manager：How Executives Develop a Reputation for Ethical Leadership ［J］. California Management Review，2000，42（4）：128 - 142.

体价值取向，强调个人价值和个人追求，更加注重个体的自我实现和自我管理，始终将个人利益和个人价值放在首位，没有特别明显的权利距离和等级观念，也十分强调个人的自由和享乐。

（2）对人性的假设不同。中国伦理认为人在刚出生的时候都是善良的或者没有善恶的，一切行为和习惯都是后天养成的。如中国的《三字经》提出"人之初，性本善"，是对人性本善的判断。儒家学派的代表人物孟子也对人性本善提出了自己的见解，孟子认为人与生俱来的道德品质包括"仁、义、礼、智"，对"人性善"进行全面的解说和证明。而西方伦理认同人性本恶，人需要受到各种规则和约束的管理；亚当·斯密（Adam Smith）提出"经济人"理论，说明人具有自私自利的本性，从事经济活动的每个人都是只顾自己利益的人，为了达到自己的目的进行交易活动，在经济学领域进一步引申了性恶论。

（3）利己与利他行为不同。由于价值观和人性假设不同，中西方在行为上也存在差异。中国伦理更偏向利他行为，西方伦理更偏向利己行为。中国是以责任意识为核心，倡导奉献、助人为乐等理念，鼓励以帮助他人为目的，没有明显自私动机的自觉自愿行为。西方虽然近些年倡导合理利己主义，即反对把个人利益与公共利益进行对立，认为追求自己的利益本身就包含着社会的利益和他人的利益，但依然把个人利益看作高于一切的生活态度和行为准则。

2. 中西方企业伦理的差异

西方早期的企业伦理被认为是企业的善行，主要是善待企业的员工，如尊重员工，提高员工福利待遇和安全工作环境，多数属于企业内部的伦理。企业进行伦理管理既有慈善的目的，又有功利的目的，或者两者兼有。随着企业的扩张，企业外部的利益相关者和企业的社会责任也逐渐成为西方企业伦理的一部分。西方伦理发展可以分为三个阶段：（1）萌芽阶段，19世纪末到20世纪50年代，在这一阶段，企业被认为是利润至上的，企业的一切管理手段都是为了发挥人和物的最大效率，从而提高企业的利润。这一阶段，企业被认为不需要伦理，伦理完全被排除在企业活动和生产之外。（2）初兴阶段，20世纪中期到20世纪80年代，在美国的一些企业经营中，如行贿受贿、欺诈交易、价格垄断等丑闻越来越普遍，引起社会公众的不满，企业的伦理道德和企业的社会责任成为关注的重点。（3）继续发展阶段，20世纪90年代至今，随着经济和社会的飞快发展，企业逐渐走向经济全球化和区域合作化，相关利益者更多，要求也越来越多样化，企业伦理得到越来越多的专家和学者重视，很多与企业伦理相关的法律法规的出台强化了企业伦理的实施。

中国企业的雏形起源于明末时期，早期的中国企业同样注重员工的生活和工作环境情况，善待员工，使员工可以为企业创造更多的利润。现代企业更加注重自身的利益相关者和社会责任，树立企业的形象，提高企业在行业中的地位。随着市场经济体制的建立，由于企业的粗放式发展和不规范管理，加之有些企业把经济利益放在首位，中国很多企业在经营中出现了诸多的伦理道德问题，导致了企业的信任危机和信誉危机。在信任方面，管理者和员工互相不信任，企业和消费者互相不信任；在信誉方面，企业为了追求最大利润，生产假冒伪劣产品，故意偷税漏税，为了生产忽视员工工作环境的安全，对环境进行肆意污染。

（三）中国企业伦理型领导的结构

1. 当代中国企业的伦理管理思想

当代中国企业由于处在商业竞争的格局之中，比古代中国对伦理管理有了更高层次的要求，这要求管理者不仅继承中国古代伦理管理的优秀思想，同时要求企业管理者具有其他优秀的品质，根据对中国领导伦理道德相关文献的总结，具体包括以下两个方面：

（1）诚信。具有伦理的领导者在工作和生活中要具有诚信。领导者需面对真实的自我，诚实面对自身的优缺点，对自己有正确的评价，对自身的优点进行发扬，对自身的缺点进行改正，以高标准来要求自己，起到诚信的模范带头作用，成为员工学习的榜样。领导者应该在工作生活中以正确的诚信价值观为指导，作出管理决策和对员工进行管理，当遇到道德两难困境时，根据自身价值观，选择最适宜的伦理解决方式，并将正确的诚信价值观传播给下属员工，使其认同领导的价值观。领导者在组织内部会积极创建具有诚信的组织情境和氛围，将诚信的思想深入组织的企业文化中去，使员工在这种组织情境中，对诚信可以有更深的认识，通过员工相互感染，帮助员工进一步提高自身诚信，反过来作用于组织情境，形成循环，使组织诚信有明显的提升。

（2）公平公正。具有伦理的领导者重视员工工作和生活中的公平公正。由于员工的公平感往往来自员工个人的主观感觉，较不客观，管理者需对员工的公平感多做正确的引导，使员工不过高估计自己的贡献和作用，压低他人的绩效和付出。要使员工认识到别人的长处和自身的短处，可以正确对待比较这一事情，客观公正的选择比较基准，通过比较认识到自己的不足，将比较带来的结果转化为提高自身的积极动力。领导者会公正地对待每一位员工，公正地处理每一件事情，依照公司的制度章程对员工进行管理，避免因个人情感因素导致对员工的管理不公正。

同时，具有伦理的领导者会认为没有绝对的公平，公平不等于平均，在对待员工分配问题上要坚持"效率优先，兼顾公平"的原则。具有伦理的领导者会依据员工的付出，对员工进行奖励，不仅是物质上的奖励，还要包括精神奖励，精神奖励主要来自关心、鼓励、表扬员工的工作成绩，使员工感知到自己受到领导的重视，会增加积极工作的动力。建立公平的处罚手段，可以有效地防止和纠正员工各种不当的或者不安全的行为。此外，具有伦理的领导者会制定完善合理的处罚制度，处罚的目的是纠正员工在工作中的不当行为而不是让员工畏缩不前，同时，他会建立有效的申诉制度和监督制度，有效提高程序的公正性，并提高员工的公平感①。

2. 中国伦理型领导的特征

目前，西方对伦理型领导的研究已经比较深入，虽然西方最早的领导伦理管理思想来源于日本，但西方结合自身的文化情境背景，给出了更加符合西方的伦理型领导定义，并开发出相应的量表。而中国的伦理型领导研究，由于起步较晚，虽然目前也取得了一些研究成果，但大多采用西方的伦理型领导的定义和量表，并没有结合中国文化情境实际，给出中国伦理型领导的定义及适用的量表。因此，在参考西方伦理型领导的基础之上，结合传统和当代的中国伦理和中国企业伦理，中国情境下的伦理型领导的内涵与结构应具有以下几方面特点。

首先，中国伦理型领导应该是"道德个人"，他们应该是诚实并值得信赖的，具有崇高的道德和价值观，善于听取下属和员工的意见，在工作中表里如一，言行一致，尊重员工，关心员工，在工作和生活中均拥有良好的道德品质，即拥有美德。

其次，中国伦理型领导应该是"道德管理者"，他们应该依据道德价值观和伦理决策作出决定，要求员工必须按照伦理规则进行工作；他们努力改善企业伦理文化，营造良好的企业伦理氛围，通过伦理决策来提高员工的行为和绩效；他们可以树立道德榜样作用，使员工进行模仿和学习，保持与伦理型领导具有相同的伦理价值观和伦理行为。

最后，伦理型领导应该具有利他精神，并将利他精神贯彻到员工中去。上面两条与目前西方伦理型领导存在的特征大致相同，而具有

---

① 高伟明. 中国伦理型领导对员工安全行为的影响 [D]. 徐州：中国矿业大学，2016.

利他精神是中国文化情境下所特有的和中国企业一直强调的。中国的企业伦理注重集体主义，要求个人服从集体，不搞个人主义，不以追求个人价值取向为主，同时中国企业伦理期望员工的思想和行为可以向好的方面发展，不仅关注自身，同时也关注不同利益相关者的利益，不仅有效完成组织规定的工作任务，还自愿完成很多非组织规定的额外工作任务。因此，伦理型领导不仅自身需具有良好的利他性，还应要求员工具有良好的利他精神，符合中国伦理道德观念，不能容忍员工只注重自身利益，损人利己，道德沦丧，突破道德底线[①]。

因此中国文化情境下的伦理型领导应该是自身拥有美德，具有高尚的道德情怀，制定和遵守伦理规则，并督促员工遵守伦理规则，同时具备利他精神并鼓励员工拥有利他精神的领导。

二、伦理型企业文化

企业文化是企业的灵魂，在商场如战场的今天，企业文化是企业竞争力与生命力的精神支撑。没有先进文化的企业，如同是商场上的行尸走肉。因此培育与建设健康向上的伦理型企业文化，建立高激励性、高凝聚性的企业团队，成为现代企业管理的核心问题。

（一）伦理型企业文化是企业文化发展的新视角

1. 企业文化的内涵

从广义上说，企业文化是指组织在社会实践过程中所创造的物质

---

① 高伟明. 中国伦理型领导对员工安全行为的影响 [D]. 徐州：中国矿业大学，2016.

财富和精神财富的总和。从狭义上说，企业文化是指在一定的社会政治、经济、文化背景条件下，组织在社会实践过程中所创造并逐步形成的独具特色的共同思想、作风、价值观念和行为准则。它主要体现为组织在活动中所创造的精神财富。就像部落和民族有图腾和禁忌指导每一个成员如何与其同伴及外部人员交往一样，组织也有指导其成员应该如何行动的文化。

企业文化不是指人的知识修养，而是指人们对知识的态度；不是指利润，而是指奋力实现利润的心理；不是指人际关系本身，而是指通过人际关系体现出来的为人处世的哲学；不是指竞赛和奖牌，而是奖牌折射出来的荣誉观；不是舒适优美的工作环境，而是对工作环境的情感；不是指规章制度的条例，而是对制度的认同。

企业文化一旦形成，就会在很大程度上对管理者的思维和决策施加影响。比如在一个对员工不太信任的组织中，管理者很可能采用命令型领导方式而不是民主型领导方式。这是因为这种不信任的文化氛围决定了管理者只有这样做才是合适的。企业文化有先进与落后、高雅与通俗之分。不同的企业文化很难区分对和错，具有不同的特色。

2. 伦理型企业文化的内涵

伦理型企业文化在注重企业管理技术和方法的基础上，更多强调的是企业赖以生存和发展的精神环境和外部环境，强调的是企业文化的伦理底蕴，尤其注重"人"在现代企业中的积极因素。伦理型企业文化重点从伦理道德角度来认识和阐述企业文化，根据不同形式的文化内容"寓文化于管理"之中，以克服企业员工对思想说教的抵触情绪。

从精神力量角度来说，伦理型企业文化通过企业领导人及全体员工对企业精神的弘扬和有关制度的制定、执行，建立起员工动力机制和激励机制，充分发挥员工的积极性和创造性，培育起企业的核心价值观及其企业精神理念，进而对企业成员在企业中的各种行为进行间接调控，使之统一到企业的共同目标上来。

伦理型企业文化与员工自我价值的实现相结合，能够充分发挥职工的主人翁责任感，激发其创造活力，通过开发新技术、推出新产品，达到提高企业劳动生产率的目的。

伦理型企业文化的产生和迅猛发展绝非偶然，它既是社会文化深入发展的产物，又是文化学、管理学不断发展的必然结果。特别是第三次技术革命加速了生产方式和管理方式的变革，促使劳动者向智能型转化，极大地提高了劳动者的文化素质和自尊意识，使人在生产力诸要素中的主要地位越来越突出。

（二）伦理型企业文化的主要特征

1. 以价值观为基础

管理的根源在于有效率和有效果地利用资源的经济必要性，而其行动则受到社会价值的影响。管理模式的首要投入是人，而其产生又是用于满足人的愿望。管理人员无论在内部或在外部都受到占统治地位的社会价值的影响。管理的判断对于有组织的努力是必要的，其活动同有关人及人际关系的假设不可分割地交织在一起①。企业如何根据社会价值观念的影响，创造出适应自身发展需要的企业价值观，为每一位职工提供一种共同的理想追求，并用这种共同的理想追求作为统一人们的思想和意志，是企业在经营活动中首要考虑的因素。这种价值观的主体是作为社会经济组织的企业；这种价值观的实质是企业为了满足经营成功的需要，而对企业与外部环境及企业内部人际关系的看法；这种价值观的主要作用在于，它能够引导企业内部的所有成

---

① 于志明. 用以人为本理念构筑和谐的企业文化 [J]. 长江论坛, 2007 (4): 93 – 95.

员达到这样一种共识：只要企业始终遵循这些基本信念，去从事经营活动，去规范企业内部职工的行为，企业就一定会获得经营上的成功，取得辉煌的业绩。

2. "以人为本"为核心

"以人为本"是现代企业经营管理的目的和手段。它把人力资源视为企业经营的最重要资源；把人的积极性、主动性和创造性的充分发挥，视为提高企业经济效益，增强企业活力，取得竞争优势唯一的永不枯竭的源泉，把建立共识，形成亲密合作的氛围作为激发职工积极性、主动性和创造性的主要因素。

3. 和谐的人际和环境关系

伦理型企业文化可以有效地促进人际关系的和谐，达到企业内的"人和"，增强企业凝聚力、整体力的作用，并使得企业成员间通过彼此的理解和沟通，实现同心同德、相互协作，从而促使企业进一步健康发展。

企业的生存和发展，还会受到外部环境的制约。企业的外部环境主要包括两大方面：第一，自然环境，在我国企业发展中，一度出现过比较严重的破坏生态环境的情况，"杀鸡取卵"，企业为了换取眼前的小小利益付出了高昂的环境代价，实践证明企业发展必须处理好与自然环境之间的关系，力求营造出人与自然的和谐氛围。第二，社会环境，伦理型企业文化有利于使外部环境、企业自身条件和企业经营目标三者协调和平衡，进而达到和谐的状态，如为顾客提供优质的产品和服务等。又如，企业要妥善处理好与金融部门、供应商的关系，使这类关系处于协调、融洽的状态，保障企业正常的生产经营活动。

4. 良好的企业形象

伦理型企业文化强调企业必须明确自己的社会责任，在企业的经营活动中忠实地履行自己的社会责任，把企业的经济效益与社会效益结合起来，比如既要考虑到新技术的应用、新产品的开发，又考虑到社会生态环境的保护。以一种健康的、积极的姿态把企业利润视为履行企业社会责任、对社会做贡献而得到的回报。它倡导企业开展卓有成效的公共关系活动，努力塑造良好的企业形象，增强企业信誉，同公众建立、维持和发展融洽和谐的互利关系，为企业创造出一种适宜的竞争环境，促使企业顺利实现自己的综合目标。

三、伦理型领导、伦理文化与企业社会责任

（一）伦理型领导与企业社会责任

伦理型领导包括的两大支柱：道德的个人和道德的管理者，暗含了伦理型领导行为与企业社会责任行为之间的关系。特雷维诺等[①]指出作为一个道德人是伦理型领导行为的基础，意味着人们认为管理者具备特定的品质、行为。伦理型领导的特质常常包含：诚实、值得信任、廉正等。诚信对于管理者非常重要。信任必须是一致、可靠的。如果缺乏利益相关者的信任，就不能和利益相关者建立长期的关系，丧失掌握关键性资源的能力。伦理领导根据伦理准则做决策，遇到阻力时，能够坚持原则。伦理领导能够将伦理、价值观从商业目标（包括击败竞争对手、实现短期利润等）中脱颖而出，放弃不伦理道德的商业机会、人力资源、多元化策略等。伦理型领导的特质和行为使得他们能够考虑各个利益相关者的需要，能够有面对风险的勇气，

---

① Treviño L K, Hartman L P, Brown M. Moral Person and Moral Manager: How Executives Develop a Reputation for Ethical Leadership [J]. California Management Review, 2000, 42 (4): 128 – 142.

在追求企业社会责任时战胜各种压力。

人们对于领导的判断是根据领导的行为而不是言语，包括：关心、尊敬他人；开放、交流，员工能够与其分享失败，领导把失败作为一个要处理的问题而不是惩罚；在制定决策时，坚持伦理价值观和原则；公平、公正；超越道德伦理底线，关怀广大社会和社区，对社区标准具有敏感性。伦理型领导通过对社会、社区等复杂环境的感知，提高追随者的意识，引导企业实现绩效目标与企业社会责任之间的平衡。追随者将会从不同的视角整合利润和企业社会责任，企业社会责任将被更多地视作一种机会，而不是威胁。企业不是脱离周围社会、社区而孤立存在的。

社会认同理论为理解伦理型领导、认同过程、追随者追求企业社会责任三者之间的关系提供了一个更加广泛的理论框架。社会认同是个体认识到他或她属于特定的社会群体同时也认识到作为群体成员带给他或她的情感和价值意义。社会认同理论认为团队群体为个人认同提供了一个强有力的源泉，能影响态度和行为[1]。伦理型领导以超越个人甚至组织利益的价值观，能有效地形成集体认同。与企业社会责任目标相一致，这些价值观包括重视利益相关者和社会的需求。管理者呼吁员工树立这种价值观，实施组织制定的策略。伦理型领导的利他、公正、模范榜样作用，受到下属的尊敬和信赖[2]，强化认同过程和与企业社会责任相关联目标的实现[3]。下属将会把他们的组织认同与社会道德相联系，追求实现企业社会责任。因此，伦理型领导行为对企业社会责任行为具有正向的促进作用。

---

① Van Knippenberg D, Hogg M A. A Social Identity Model of Leadership Effectiveness in Organizations [J]. Research in Organizational Behavior, 2003, 25 (25): 243 – 295.

② Bass B M, Steidlmeier P. Ethics, Character, and Authentic Transformational Leadership Behavior [J]. Leadership Quarterly, 2006, 10 (2): 181 – 217.

③ Shamir B, House R J, Arthur M B. The Motivational Effects of Charismatic Leadership: A Self-concept Based Theory [M]. INFORMS, 1993: 577 – 594.

（二）伦理型文化是伦理型领导促进企业社会责任的桥梁

伦理型文化是否形成要看组织成员是否对于组织内部伦理特性形成一致性的认知，而企业伦理文化的塑造则是要找出影响组织成员伦理认知的因素并加以强化，进而达到优化与改善个人与组织的伦理行为的目的。伦理领导自身的行为和品质，会通过与下属之间的交流互动而传递①②。这个观点得到伦理型领导相关理论研究支持，伦理型领导行为通过"个人行为"和"人际关系"影响组织成员③。不少研究表明组织管理者极大地影响了工作环境的伦理文化的形成④。组织通过伦理规章的正式体系、公司伦理稽查、标准化程序、伦理培训计划等，帮助管理者建立和维持伦理文化⑤。然而，由于道德原则不是反映在口头，更多的是在行为上被反映，相对于正式系统，管理者与下属之间的非正式互动行为，潜在影响力更大⑥。各级管理者通过互动行为展示做什么是适当的，对塑造伦理环境起主要作用⑦。

---

① Flynn G. The Virtuous Manager: A Vision for Leadership in Business [J]. Journal of Business Ethics, 2008, 78 (3): 359–372.

② Moore G, Beadle R. In Search of Organizational Virtue in Business: Agents, Goods, Practices, Institutions and Environments [J]. Organization Studies, 2006, 27 (3): 369–389.

③ Brown M E, Trevino L K, Harrison D A. Ethical leadership: A Social Learning Theory Perspective for Construct Development [J]. Organizational Behavior & Human Decision Processes, 2005, 97 (2): 117–134.

④ Treviño L K, Hartman L P, Brown M. Moral Person and Moral Manager: How Executives Develop a Reputation for Ethical Leadership [J]. California Management Review, 2000, 42 (4): 128–142.

⑤ Weaver, G. R., L. K. Trevino and P. L. Cochran. Corporate Ethics Programs as Control Systems: Influences of Executive Commitment and Environmental Factors [J]. Academy of Management Journal, 1999, 42: 41–57.

⑥ Tenbrunsel A E, Smith – Crowe K, Umphress E E. Building Houses on Rocks: The Role of the Ethical Infrastructure in Organizations [J]. Social Justice Research, 2003, 16 (3): 285–307.

⑦ Weaver G R, Treviño L K. The Role of Human Resources In Ethics/Compliance Management: A Fairness Perspective [J]. Human Resource Management Review, 2001, 11 (1): 113–134.

社会学习理论指出组织内的领导常常被认为是规范行为的合适典型，个人愿意关注和模仿可靠、有魅力的模范，通过周围环境间接地开展学习①。下属行为受领导的影响，领导有权力奖励道德行为，惩罚不道德行为。管理者的权利地位有助于管理者被视作伦理行为模范②。伦理型领导向下属发出信号，期望和鼓励做有价值的事情。下属可感知组织伦理环境。作为伦理行为的模范，伦理领导向下属展示了如何有技巧地认识和处理伦理问题。同时，伦理型领导教育下属如何维持高的伦理标准，不会在追求商业目标时，迫于压力而放弃伦理行为。因此，伦理型领导行为对塑造良好的组织伦理文化具有正向的影响。

每个组织都有一种文化，即分享的信仰、期望和意义会影响和指导组织成员的思考和行为模式。企业文化对于组织成员具有塑造作用。在糟糕的企业文化氛围下，道德良好的人也会做坏事；在良好的企业文化氛围下，道德水平不高的人也能做好事。文化并不是静止不变的，领导者对企业文化也会产生重要的影响，鼓励或者阻碍具有道德性的行为。企业伦理文化是组织内部成员对于什么是符合伦理行为，如何解决伦理困境或问题的共同体验和认知，这种认知会影响个体对待伦理问题的态度、信念、动机和行为倾向，最终影响到员工和整个企业的伦理行为。

四、建立伦理型领导的管理对策

组织的伦理决策由组织中的个人和团体作出，其实质反映了组织

---

① Bandura A. Self-efficacy: Toward A Unifying Theory of Behavioral Change [J]. Advances in Behaviour Research & Therapy, 1977, 1 (4): 139 – 161.

② Brown, M. E. and L. K. Trevino. Ethical Leadership: A Review and Future Directions [J]. The Leadership Quarterly, 2006, 17: 595 – 616.

中决策者的伦理。因此，一个公司的行为是伦理还是非伦理的，管理者的伦理水平是关键的影响因素。作为企业主要决策的制定者，管理者比其他人有更多机会树立企业的伦理形象。因此，如何在企业中建立伦理型领导的管理显得尤为重要。

第一，伦理型领导应该具有责任担当意识，关心组织和员工的利益，并且将企业使命和员工需求放在首位。第二，伦理型领导还要有诚实正直的操守，领导者诚实守信，践行承诺，获取员工的信任，公正耿直，对待员工不偏不倚，公正无私，刚直坦率。第三，伦理型领导还需要有民主平等的态度，尊重员工在企业中的发言权、参与企业决策和可以对相关决策提出自己建议的权利，平等对待员工。职位分工有不同，但领导和员工的关系是平等的，伦理型领导需要尊重员工的人格，对员工正当的需求和利益进行关心，调动员工在安全工作中的积极性，增加员工对企业的热爱，从而增加整个企业的凝聚力。第四，伦理型领导需要关注他人的情感，领导者不仅应该关心员工在工作中的行为和绩效，而且应该关注员工的发展，通过各种积极手段，使员工达到新的水平，发挥自身的潜能。第五，伦理型领导需要具备求实进取的精神，领导者依据企业管理过程的客观规律，坚持一切从实际出发，来处理企业中的各种矛盾。伦理型领导应该在求实的基础上，根据实际面临的新情况，不断变换思维和方法，勇于创新；避免因循守旧、墨守成规，无法应对新形势的挑战，从而导致企业逐渐被快速发展的社会淘汰。

建立伦理型领导管理可以从提高领导者自身素质，加强伦理管理中对伦理规则的倡导和实施，以及在企业中广泛传播和普及利他精神三个方面，有效提高伦理型领导的管理水平。

（一）提高伦理型领导的自身素质

现实中并不是所有的企业管理者都能成为伦理型领导，因此，培养企业管理者的伦理素质是一项极其重要的事情。

1. 不断吸取各种伦理营养

企业管理者必须认识、了解和掌握一定的与伦理有关的知识，才能修炼成较高的道德品质。除了应该继承中华民族的传统美德外，还应树立道德楷模，从而使自己学有榜样、赶有目标、行有方向。

（1）诚信。领导者的诚信是指领导者在领导过程中能够表现出诚实守信、言行一致、表里如一、诚恳负责的品质和行为。只有领导者展现出诚信的品质或行为，才能够影响和造就一批诚信的下属员工。具有诚信的伦理型领导者应该诚实不欺，信守承诺；诚恳待人，关心下属；正直负责，坚持原则。因此，伦理型领导需要认识自我，以身作则；树立正确的诚信价值观；创建具有诚信的组织情境。

（2）公平公正。无数企业实践表明，领导对员工是否公平公正，不仅直接影响员工个体行为，而且还会通过员工个体影响整个组织的积极性。因此，伦理型领导在对员工管理中要做到公平公正，对待员工不偏不倚，赏罚分明，避免因为不公平公正，导致员工产生消极情绪，努力营造一种公平公正的氛围。因此，伦理型领导应有效引导员工形成正确的公平感，遵循公正原则，并建立科学的奖惩机制。

（3）沟通交流。沟通在企业管理中具有非常重要的作用，企业中的开会、谈话、作报告都是沟通最常见的方式。如果沟通不畅，上级的指示不能很好地对下级进行传达，下级的反馈不能很好地让上级知道，必定会拖慢整个组织的效率。沟通是双向的行为，要使沟通有效，双方都应当积极投入交流，认真倾听对方的见解和意见。企业的执行力差、领导力不强、凝聚力不高等问题，归根到底，都与领导者和员工的沟通能力欠缺有关，而领导的沟通能力又是重中之重。因此，伦理型领导应该积极提高自身表达能力，重视员工的反馈，减少沟通的层级。

2. 通过专门培训与学习来掌握伦理知识

主要是指企业管理者通过参加一定的伦理知识专业培训与专门学习来提高自身伦理意识。它主要包括以下三种方法。

（1）参加一些大学举办的管理者培训班。国内一些著名大学的商学院举办的一些商业伦理培训活动，通过参加这样的培训班，企业管理者能学到丰富的伦理知识，提升自身对企业伦理的认识与了解。

（2）参加社会团队组织的各种伦理研讨会。随着伦理学的发展，伦理学研究的日益深入，各种伦理学学术研讨会应运而生。可以在研讨会中与专家学者探讨商业伦理方面的问题，以获取一些有用的伦理知识。

（3）聘请伦理学专家到企业举行座谈。可以根据本企业及员工的特点，不定期地聘请外部伦理学专家到企业来讲学，进行全体员工的伦理知识培训。这不但有助于提高管理者的伦理水平，也有助于提高企业员工的伦理意识。

3. 在实践中不断提升自身的伦理素质

企业管理者在了解和掌握了相关的伦理知识后，还应把它们运用到实践中，用理论来指导实践，并通过不断地实践来检验伦理理论的实用性，从而经过反复实践，形成相对稳定的伦理意识来指导企业的经营管理活动。例如，经营企业时既要讲利又应讲义，实现义与利在实践中的统一；在交往中要确实做到诚实可信，应恪守信义，不弄虚作假，欺骗对方，讲求企业信誉，等等。

（二）伦理规则

伦理型领导在企业中开展伦理管理需要有正式的伦理规则进行指导，它既能影响员工的伦理价值导向，又能规范员工符合伦理的行为，给企业中的员工提供充分的伦理指导，使企业员工在面临复杂伦理道德困境时，找到有效的解决方法，提高员工是非对错的判断能力，使员工在工作中更加得心应手。

企业伦理规则是企业伦理道德行为和企业人与人伦理道德关系普遍规律的反应和概括，伦理规则包括约定和俗成两种形式。伦理规则要求员工应当做什么，不应当做什么，与其他规则相比，有是非对错，正当不正当之分。伦理规范在企业中具有普遍性和公开性，它体现了企业整体的伦理意志，需要管理者和员工普遍遵守，反映了企业的重要价值观。

1. 伦理规则书面化

在企业中，很多伦理规则都是根据习惯俗成或者口头约定的，没有形成书面的制度，这就导致很多员工较为轻视伦理规则，当遇到伦理问题时，员工经常根据自身好恶决定是否遵守伦理规则，而不是考虑这样做正当不正当，合理不合理。因此，首先必须使伦理规则书面化。制定企业内部针对员工的正式伦理规则，一般有以下四个基本步骤：

首先，伦理制定部门和相关人员根据伦理管理工作的需要，对企业和员工进行充分调研后，在充分征求各方面意见的基础之上，总结整个企业认同的和必需的伦理道德管理条款，拟定出伦理规则的草案。其次，对拟定出的草案进行讨论，广泛征求相关各方对伦理规则草案的看法和意见，经过充分讨论，对草案进行查漏补缺，并改正其中与其他制度矛盾或者重复的地方以及一些不符合企业实际的地方，使得伦理规则草案得到进一步的完善。再次，对制定出来的伦理规则进行试行，在实践中继续完善伦理管理规定中不合理的地方，使得伦理管理规定更加合理和成熟，有利于企业的施行和员工的遵从。最后，在以上工作完成的基础上，制定正式的伦理规则书面文本并正式执行，得到企业领导和员工的认同后，就可以稳定下来，从而完成伦理规则的书面化。这样做可以使伦理规则从口头遵循变成制度遵循，更有利于伦理规则在企业中的推广。

2. 提高员工遵守伦理规则的意识

当伦理规则以书面形式制定出来后，需要通过各种管理手段使员工理解伦理规则的重要意义，通过培训和教育的手段提高员工的遵守伦理规则的意识。伦理型领导可以通过营造良好的组织伦理氛围，树立伦理典型，重视员工伦理教育等方式，提高员工对伦理规则的遵守，使员工养成遵守伦理规则的习惯，在工作中当遇到伦理难题时，会参照企业的伦理规则进行解决。伦理型领导不但是伦理规则的制定者和颁布者，而且要在企业中带头遵守伦理规则，起到榜样作用，使员工以管理者为标准，严格要求自身。此外，遵守伦理规则的意识，并不是一时可以养成的，而是需要管理者付出大量的精力对员工进行教导，长时间的监督检查才能慢慢养成习惯。员工在工作中逐渐养成恪守职业道德，做好本职工作，保持言行一致，逐步提高企业全员遵守伦理规则的良好氛围。

3. 不断完善，定期检查修正伦理规则

虽然伦理规则是经过长期认同形成的，但是由于时代一直在发展，伦理规则的宽度和广度也在不断地发生着变化。正如新中国刚实行工业化时，冒着浓烟的烟囱就是工业化最好的标志，而现在却是污染的象征。因此，企业需要注重时代的变革和人们认识的变化，注重对伦理规则的完善和修正，虽然大部分伦理规则不需要修正，但也要随着时代的发展赋予其新的含义，这样也使员工更易于理解和接受。此外，还有一些伦理规则制定后，效果并不明显，如果不是因为伦理规则本身存在问题，就应该思考这样的伦理规则为什么实施起来会碰到阻力，找到原因，对伦理规则的实施进行优化，使伦理规则在企业员工间得到更好的推行。

（三）利他精神

伦理型领导对员工普及利他精神是比要求员工遵守伦理规则更高层次的要求，不仅要求员工遵守伦理规则，而且还要超越伦理规则的规定，作出有利于他人的行为。员工具有利他精神可以为了使别人获得方便与利益，而不图回报地助人为乐，出于自觉自愿作出有利于他人和组织的行为。利他精神带来的利他行为与亲社会行为类似，"亲社会"是合乎社会道德标准的意思，它与"反社会"，即违反社会道德标准是相对的。利他精神不仅强调利他行为结果对别人有帮助，而且强调帮助他人时的无私动机。具有利他精神的员工在关心他人的利益时很少考虑到自己的利益，是一种不期待任何报答的自觉自愿的行为。具有利他精神的员工认为帮助别人是其出自内心的义务，这也是中国伦理道德的最高层次，不仅遵守伦理规则，而且作出伦理规则不作要求的更为积极的事情。但是影响员工利他行为的因素有很多，许多研究利他行为的社会心理学家发现，旁观者的数量会造成利他行为的减少，这是因为在发生紧急情况时，旁观者越多，就越希望别人出来分担责任，造成了旁观者的冷漠，导致往往越多的人在场，越有可能没人出来相助。此外，事情的紧急程度也是造成人们对其帮助与否判断的依据，人们一般会对紧急的事情，采取果断的态度进行帮助，而事情并不是十分紧急时，员工可能会看周边人的反应作出判断，这时周围情境对人的影响很大。因此，在进行员工利他精神培养时，需要注重以下几个方面：

1. 提升员工的个体责任感

伦理型领导应该使员工认识到自己是企业的一分子，企业如果出现事故，无论在场人多与少，自己必须尽到自己的责任，不能去依靠他人，而是要首先让自己行动起来，去帮助他人。只有人人都树立这个意识，才能减少围观者，增加救助者，避免一些小事故转化为大事故。日常在员工作出利他行为时，要对他进行鼓励，这样员工逐渐会形成一种相应的内在自我奖励倾向，表现为内在的自我满足。从外在强化过渡到内在强化，使利他精神得到有效的巩固。

2. 减少周边环境对员工的不当影响

伦理型领导应该提升员工的自我效能，减少周边环境对员工的不当影响，从而使员工作出正确的判断，作出利他行为。由于员工的经验不足，难免会作出错误判断，这个时候就需要领导给员工树立良好的榜样，告知员工哪些情况是需要员工挺身而出的。经过这样的教育培训，克服员工不好意思，不愿出头的心态，员工明白了无论事情轻重缓急，他人需要帮助时都要上前进行帮助，对提高员工的利他行为会有很大的帮助。同时，要教会员工必要的助人技能，如在工作场所突发事故时，人员如何救治，机器如何关停等，使员工掌握必要的助人技能，就会从另一个方面增加员工的利他助人行为。

3. 创造良好环境激发员工利他行为

创造良好的工作环境可以使员工身心感觉愉悦，这样员工往往会增加利他行为。而在脏乱的工作场所、存在安全隐患的恶劣环境中，员工对自身的安全产生焦虑，容易优先考虑自身安全，很难作出利他行为。而且在员工个体心情愉悦时，对其他同事及事物往往有积极的看法，这样员工就较为积极，容易出现利他行为。这就要求伦理型领导维护好企业和谐的氛围，避免员工之间产生冲突，使员工团结协作，当员工作出利他行为时对其进行表扬和奖励。此外，伦理型领导也需要发挥榜样作用，主动关心企业和员工的需求，不能光考虑自己的利益。伦理型领导应该为企业作出额外的贡献，在利他方面作出表率作用，使员工受到鼓舞，作出更多自觉自愿帮助他人的行为。

思考与实践

1. 什么是伦理型领导？对塑造企业文化具有什么作用？

2. 什么是企业文化？如何影响伦理决策？

3. 久负盛名的北京同仁堂，立业 300 多年，他们从创业之初就提出了"济世""养生"的宗旨，在义与利的关系上做到"重义在先，以义获利"，一贯奉行"修合无人见，存心有天知"的制药理念。你认为北京同仁堂的企业精神对现代企业经营有何启示？

知识应用

知识应用9